Collection BIJUS

www.bijus.eu

Série Manuels

Collection dirigée par Philippe Cossalter

Agrégé des facultés de droit

Chaire de droit public français de l'Université de la Sarre

http://lfoer.cjfa.eu

Martin Hlawon

Droit international privé allemand et européen du patrimoine

Guide pour la pratique notariale franco-allemande

Editions juridiques franco-allemandes

Imprint

Cover image: www.ingimage.com

Publisher:
Editions juridiques franco-allemandes
is a trademark of
International Book Market Service Ltd., member of OmniScriptum Publishing Group
17 Meldrum Street, Beau Bassin 71504, Mauritius

Printed at: see last page
ISBN: 978-620-2-48420-6

Parus chez le même éditeur

Im gleichen Verlag erschienen

Dans la collection / in der Schriftenreihe *Revue générale du droit*

Série « Colloques » / Serie „Kolloquien"

- COSSALTER Ph. (dir.), *Die grenzüberschreitende Zusammenarbeit in der Großregion / La coopération transfrontalière dans la Grande Région*, 2016.
- N'DIAYE F. (dir.), *Le crowdfunding ou financement participatif : état des lieux en Europe*, 2016.

Série « Manuels » / Serie „Handbücher"

- CAILLE P., *Contentieux administratif*, 2ème édition, 2017 (1ère édition, 2016).
- HLAWON M. et JAILLET L., *Staatsrecht I – Droit constitutionnel allemand I*, 2de édition, 2017.
- de NANTOIS Ch., *Approche empirique de la science politique*, 2016.
- TIFINE P., *Droit administratif français*, 3ème édition, 2016 (1ère édition, 2014 ; 2ème édition, 2015).

Dans la collection / in der Schriftenreihe BIJUS

Série « Manuels » / Serie „Handbücher"

- HLAWON M., *Droit international privé allemand et européen du patrimoine - Guide pour la pratique notariale franco-allemande*, 2018.

L'ensemble des œuvres publiées dans les collections « Revue générale du droit » et « BIJUS » est également consultable gratuitement sur www.revuegeneraledudroit.eu et www.bijus.eu

Alle Veröffentlichungen der Schriftenreihen „Revue générale du droit" und „BIJUS" sind auf www.revuegeneraledudroit.com bzw. www.bijus.eu kostenlos abrufbar.

Dans la collection / in der Schriftenreihe *Études et Documents du CJFA* (EDCJFA)

- EDCJFA n°1 : AUTEXIER Ch., FLAUSS J.-F., FROMONT M., GREWE C., KOENIG P., RIEG A., *Le Glossaire de la Loi fondamentale allemande*, 1987.
- EDCJFA n°2 : AUTEXIER Ch., *La Loi relative à la Cour constitutionnelle fédérale*, 1987.
- EDCJFA n°3 : AUTEXIER Ch., *La Loi fondamentale*, 1996.
- EDCJFA n°4 : AUTEXIER Ch., *Constitution du 4 octobre 1958*, 7ème éd., 2009.
- EDCJFA n°5 : AUTEXIER Ch., *Traité d'Union*, 1991.
- EDCJFA n°6 : AUTEXIER Ch., *Gemeinsame lothringisch-saarländische administrative Einrichtungen und Verfahrensweisen – Rechtsgutachten*, 1993.
- EDCJFA n°7 : AUTEXIER Ch., CATHALY A., *Loi sur la juridiction administrative*, 1995.
- EDCJFA n°8 : FRIED K., QUECKENSCHEID D., HOSER A., KUDER A., WOLF M., *Etudes comparatives : droit d'asile, le statut constitutionnel du juge en France, la condition juridique de la femme mariée, l'acquisition de la nationalité en France et en Allemagne*, 1995.
- EDCJFA n°9 : AUTEXIER Ch., *La Constitution du* Land *de Sarre*, 1995.
- EDCJFA n°10 : AUTEXIER Ch., CATHALY-STELKENS A., *Loi sur la procedure administrative non contentieuse*, 1996.
- EDCJFA n°11 : LANGE C., *Le Statut constitutionnel de l'enseignement privé en France, éléments de comparaison avec le droit allemand*, 1997.
- EDCJFA n°12 : AUTEXIER Ch., GLAAB K., *Einführung in das französische Verfassungsrecht*, 1998.
- EDCJFA n°13 : GROSSHANS R., WERNET M., *Le droit au travail – son développement et sa portée actuelle en France et en Allemagne*, 2000.
- EDCJA n°14 : HLAWON M., JAILLET L., *Deutsches Staatsrecht / Droit constitutionnel allemand I*, 2nde éd., 2017 (1ère édition, 2015).

L'ensemble des EDCJFA est consultable gratuitement sur www.bijus.eu.

Alle Veröffentlichungen der EDCJFA sind auf www.bijus.eu kostenlos abrufbar.

Dans la collection / in der Schriftenreihe *Cahiers juridiques franco-allemands*

- WITZ Cl., *La coopération commerciale dans la convention ACP – CEE du 31 octobre 1979 de Lomé I à Lomé II,* 1979.
- HUET-WEILLER D., *Bilan de 10 ans d'application de la réforme de la filiation, conférence du 15 mai 1983 dans le cadre du "Dialogue franco-allemand"*, 1983.
- PRADEL J., *Le médecin devant la loi pénale, conférence du 18 novembre 1983 dans le cadre du "Dialogue franco-allemand"*, 1984.
- AUTEXIER Ch., *L'action extérieure des régions*, 1984.
- ROUDAUT R., *Les relations commerciales et industrielles franco-allemandes, conférence du 25 avril 1984 au Centre d'Études Juridiques Françaises de l'Université de la Sarre dans le cadre du "Dialogue franco-allemand"*, 1984.
- JUNG H., *Le système des sanctions dans le droit pénal des mineurs en R.F.A., conference du 30 septembre 1983 à la* Richterakademie *de Trèves à l'occasion d'un session de formation continue sur le système des sanctions*, traduction : HAUPTMANN J.-M., 1985.
- BRIGOULEIX B., *L'opinion publique française et l'Allemagne dans la perspective européenne,* résumé de la conférence prononcée le 22 novembre 1984 à l'Université de la Sarre, 1985.
- FERRETTI R., *La nouvelle décentralisation et les finances locales*, 1985.
- VITU A., *Les traits caractéristiques de la procédure pénale française, conférence du 10 mai 1985 à l'Université de la Sarre dans le cadre du "Dialogue franco-allemand"*, 1985.
- MENUDIER H., *L'Allemagne à la télévision française*, 1985.
- VARII AUCTORES, *Le trentenaire du Centre d'Études Juridiques Françaises (15–25 novembre 1985)*, 1985.
- FLAUSS J.-F., *Le règlement amiable devant la CEDH*, 1986.
- BRUNET A., *Le sort des créanciers dans le nouveau droit français de la faillite*, 1987.
- PRADEL J., *Trente ans de politique pénitentiaire française*, 1987.
- AVRIL P., *L'influence des institutions sur les partis politiques - Der Einfluß der*
- *Verfassungsordnung auf die politischen Parteien*, 1988.
- ROBERT J., *Terrorisme et libertés publiques - Terrorismus und Freiheitsrechte*, 1988.
- TUNC A., *La loi Badinter après cinq ans d'application*, 1991.
- FROMONT M., *Asylrecht in Frankreich*, 1993.
- LUCHAIRE F., *L'Europe et la souveraineté des États*, 1994.

Les Cahiers juridiques franco-allemands sont consultables gratuitement sur www.bijus.eu.

Die Cahiers juridiques franco-allemand sind auf www.bijus.eu kostenlos abrufbar.

Présentation

La présente introduction au droit international privé allemand s'adresse aux notaires français souhaitant s'initier aux règles du droit international privé allemand et européen relatives à la gestion du patrimoine des particuliers qu'appliquerait un notaire allemand ou une juridiction allemande confronté à une situation transfrontalière. Nous constaterons que ces règles relèvent non seulement du droit allemand national, mais que la solution des problèmes de droit international privé implique également la mise en œuvre de dispositions du droit de l'Union européenne et de conventions internationales bi- et multilatérales.

Ce manuel se décline en cinq parties : notions générales du droit international privé allemand (I.), droit international privé général du patrimoine (capacité et représentation) (II.), effets patrimoniaux des unions civiles (mariages et partenariats enregistrés) (III.), transferts de patrimoine à titre onéreux (vente et sûretés réelles immobilières) (IV.) et transferts de patrimoine à titre gratuit (donations et successions) (V.).

Ce guide a profité des conseils précieux de *Claude Witz*, ancien directeur du Centre juridique franco-allemand, et de *Rémy Bouscant*, magistrat honoraire. L'auteur tient à leur exprimer sa profonde gratitude.

Munich, 2 avril 2018

Martin Hlawon

Table des matières

Abréviations

§	Paragraf (paragraphe)
§§	Paragrafen (paragraphes)
al.	alinéa(s)
art.	article(s)
BayObLG	Bayerisches Oberstes Landesgericht
BGB	Bürgerliches Gesetzbuch
BGBl.	Bundesgesetzblatt
BGH	Bundesgerichtshof
BVerfG	Bundesverfassungsgericht
CIEC	Commission internationale de l'état civil
CJUE	Cour de justice de l'Union européenne
cf.	comparer
DNotZ	Deutsche Notar-Zeitschrift
EGBGB	Einführungsgesetz zum Bürgerlichen Gesetzbuche
éd.	édition
et s.	et suivant(s)
EU	Europäische Union
EuErbVO	Europäische Erbrechtsverordnung (Verordnung (EU) Nr. 650/2012 des Europäischen Parlaments und des Rates vom 4. Juli 2012 über die Zuständigkeit, das anzuwendende Recht, die Anerkennung und Vollstreckung von Entscheidungen und die Annahme und Vollstreckung öffentlicher Urkunden in Erbsachen sowie zur Einführung eines Europäischen Nachlasszeugnisses), v. Rome IV

FamFG	Gesetz über das Verfahren in Familiensachen und in den Angelegenheiten der freiwilligen Gerichtsbarkeit
GBO	Grundbuchordnung
GG	Grundgesetz
GwG	Gesetz über das Aufspüren von Gewinnen aus schweren Straftaten (Geldwäschegesetz - GwG)
HCCH	Conférence de La Haye de droit international privé
ibid.	*ibidem* (au même endroit)
IntErbRVG	Internationales Erbrechtsverfahrensgesetz
IPRax	Praxis des Internationalen Privat- und Verfahrensrechts
JO	Journal officiel
jurisPK-BGB	juris PraxisKommentar BGB
KSÜ	Haager Übereinkommen über die Zuständigkeit, das anzuwendende Recht, die Anerkennung, Vollstreckung und Zusammenarbeit auf dem Gebiet der elterlichen Verantwortung und der Maßnahmen zum Schutz von Kindern (Kinderschutzübereinkommen)
KG	Kammergericht
KonsG	Gesetz über die Konsularbeamten, ihre Aufgaben und Befugnisse
LG	Landgericht
LFGG	Landesgesetz über die freiwillige Gerichtsbarkeit
MSA	Übereinkommen über die Zuständigkeit der Behörden und das anzuwendende Recht auf dem Gebiet des Schutzes von Minderjährigen
n°	numéro(s)
NJW	Neue Juristische Wochenschrift

OLG	Oberlandesgericht
p.	page(s)
par.	paragraphe(s)
phr.	phrase(s)
pt.	point(s)
RG	Reichsgericht
Rome I	règlement (CE) n° 593/2008 du Parlement européen et du Conseil du 17 juin 2008 sur la loi applicable aux obligations contractuelles
Rome II	règlement (CE) n° 864/2007 du Parlement européen et du Conseil du 11 juillet 2007 sur la loi applicable aux obligations non contractuelles
Rome III	règlement (UE) n° 1259/2010 du Conseil du 20 décembre 2010 mettant en œuvre une coopération renforcée dans le domaine de la loi applicable au divorce et à la séparation de corps
Rome IV	règlement (UE) n° 650/2012 du Parlement européen et du Conseil du 4 juillet 2012 relatif à la compétence, la loi applicable, la reconnaissance et l'exécution des décisions, et l'acceptation et l'exécution des actes authentiques en matière de successions et à la création d'un certificat successoral européen
ScheckG	Scheckgesetz
t.	tome
UE	Union européenne
v.	voir
VerschG	Verschollenheitsgesetz

Bibliographie[1]

Brödermann/Rosengarten, Internationales Privat- und Zivilverfahrensrecht, 7e éd., Munich 2015

Hausmann/Odersky/Schäuble/Wall, Internationales Privatrecht in der Notar- und Gestaltungspraxis, 3e éd., Beck, Munich 2017

Herberger/Martinek/Rüßmann, juris PraxisKommentar BGB (jurisPK-BGB), 8e éd., Sarrebruck 2017

Münchener Kommentar zum Bürgerlichen Gesetzbuch, 7e éd., Beck, Munich 2018

Palandt, BGB, 77e éd., Munich 2018

Schlechtriem/Witz, Convention de Vienne sur les contrats de vente internationale de marchandises, Dalloz 2008

Schotten/Schmellenkamp, Das Internationale Privatrecht in der notariellen Praxis, 2e éd., Beck, Munich 2007

Staudinger, Kommentar zum Bürgerlichen Gesetzbuch mit Einführungsgesetz und Nebengesetzen, Internationales Sachenrecht, Berlin 2015

Witz, Le droit allemand, 3e éd., Dalloz 2018

[1] Pour une liste de publications en langue française consacrées au nouveau règlement européen en matière successorale, v. la note en bas de page n° 148 (liste proposée par Monsieur le Professeur Claude Witz).

I. — NOTIONS GENERALES DU DROIT INTERNATIONAL PRIVE ALLEMAND

1 La règle de conflit (*Kollisionsnorm*) cherche à désigner la loi applicable (*anwendbares Recht, Statut*) à une catégorie juridique (*Anknüpfungsgegenstand*) en déterminant un critère de rattachement (*Anknüpfungspunkt*).

2 Le droit international privé allemand utilise le terme de renvoi (*Verweisung*) pour désigner non seulement les notions de renvoi au premier degré (*Rückverweisung*) et de renvoi au second degré (*Weiterverweisung*) existant en droit français. La notion de *Verweisung* est également utilisée pour désigner l'opération de la règle de conflit, à savoir la détermination de la loi applicable. Ainsi, le droit allemand distingue entre le « renvoi limité aux règles substantielles de la loi applicable » (*Sachnormverweisung*) et le « renvoi global » (*Gesamtverweisung*), qui désigne non seulement les règles substantielles, mais également les règles de conflit de la loi étrangère.

3 Le terme *Sachrecht* est utilisé pour désigner la loi matérielle, en opposition au *Kollisionsrecht*, les règles de conflit de lois. Le terme de *Sachrecht* ne doit pas être confondu avec celui de *Sachstatut*, qui désigne la loi applicable aux droits réels[2].

---

[2] V. Mansel, in: Staudinger, Kommentar zum Bürgerlichen Gesetzbuch mit Einführungsgesetz und Nebengesetzen, Internationales Sachenrecht, Berlin 2015, Art 43 EGBGB, n° 1 ; Schotten/Schmellenkamp, Das Internationale Privatrecht in der notariellen Praxis, 2e éd., Beck, Munich 2007, n° 385, note en bas de page n° 2.

II. — DROIT INTERNATIONAL PRIVE GENERAL DU PATRIMOINE

4 Parmi les catégories juridiques générales qu'un notaire, consulté par des clients désireux de réorganiser leur patrimoine, sera amené à considérer sous l'angle du droit international privé, la capacité (I) et la représentation (II) méritent une attention particulière.

A. La capacité

5 Les capacités générales (1) côtoient des capacités spéciales. En ce qui concerne les personnes physiques, les capacités spéciales pouvant intéresser la pratique notariale sont les capacités relatives au mariage (2) et aux successions (3).

1. Les capacités générales

6 Le droit allemand distingue la *Rechtsfähigkeit* (personnalité juridique, capacité de jouissance) et la *Geschäftsfähigkeit* (capacité d'exercice). Le rattachement de ces capacités générales diffère selon qu'on est en présence soit d'une personne physique (a) soit d'une société personne morale (b).

a) Les capacités générales des personnes physiques

7 L'Allemagne n'est plus signataire de conventions internationales relatives au droit applicable à la capacité générale des personnes physiques[3].

---

[3] L'Allemagne était signataire de la Convention de La Haye du 17 juillet 1905 concernant l'interdiction et les mesures de protection analogues qu'elle a dénoncée en 1992, à l'occasion de l'abolition de la mesure de l'interdiction (*Entmündigung*) dans son droit interne. Dans le cadre de cette abolition, l'article 8 EGBGB, qui contenait les règles de rattachement de l'interdiction, était naturellement devenu sans objet. Depuis le 17 juin 2017, il contient les règles de rattachement de la représentation par procuration (v. n° 28 et s.).

8 Quant aux règlements européens, consacrés chacun à une matière spéciale, ils n'ont pas vocation à déterminer la loi applicable à la capacité générale des personnes physiques. Ainsi, le rattachement des questions relatives à la capacité des personnes physiques est généralement exclu de leur champ d'application[4].

9 En conséquence, les questions relatives à la capacité générale des personnes physiques relèvent en principe du droit international privé national. En droit allemand, les règles du droit international privé sont codifiées dans la loi d'introduction du code civil allemand (*Einführungsgesetz zum Bürgerlichen Gesetzbuch - EGBGB*).

10 L'article 7 al. 1 EGBGB dispose que la capacité de jouissance et la capacité d'exercice d'une personne physique sont régies par la loi du pays auquel appartient la personne – c'est-à-dire par la loi nationale de l'État dont la personne est ressortissante (*Heimatrecht,* « loi de la patrie »). Le critère de rattachement de la capacité est donc la nationalité de la personne physique. Dans la mesure où le mariage élargit la capacité d'exercice, cette conséquence du mariage est également régie par la loi nationale (art. 7 al. 1 phr. 2 EGBGB). Enfin, une capacité acquise n'est pas affectée par l'acquisition ou par la perte ultérieure de la nationalité allemande (art. 7 al. 2 EGBGB).

---

[4] Ainsi, le règlement Rome I relatif aux obligations contractuelles ne régit pas le rattachement de la capacité (art. 1 par. 2 pt. a Rome I), sous réserve du jeu de l'article 13 du règlement Rome I. Cette norme restreint la possibilité d'invoquer l'incapacité d'une personne physique contractante lorsque les contractants se trouvent dans un même État. Ni le règlement Rome III, relatif au divorce et à la séparation de corps, ni les règlements 2016/1103 et 2016/1104 relatifs aux effets patrimoniaux des unions civiles n'ont vocation à régir la capacité juridique des conjoints (art. 1 par. 2 pt. a des trois règlements). Sur ces deux derniers règlements, v. n° 76 et s. Le règlement Rome IV, relatif aux successions, contient des dispositions relatives aux capacités spéciales de succéder (art. 23 par. 2 pt. c) et de disposer à cause de mort (art. 26), mais exclut la capacité générale de son champ d'application (art. 1 par. 2 pt. b). Sur ce règlement, v. n° 148 et s.

11 En revanche, l'article 7 EGBGB ne régit pas la question de savoir dans quelle mesure un acte juridique requiert ou non la capacité. Cette question est régie par la loi applicable à l'acte[5].

12 En ce qui concerne la question de savoir quelle loi détermine les conséquences d'un défaut de capacité, la doctrine majoritaire souhaite les soumettre à la loi régissant la capacité[6], alors que la jurisprudence soumet les conséquences du défaut de capacité à la loi régissant l'acte accompli par la personne dont la capacité est mise en cause[7].

b) Les capacités des sociétés personnes morales

13 Les questions relevant du droit des sociétés, des associations et des personnes morales, notamment celle de leur capacité juridique, sont exclues du champ d'application du règlement Rome I (art. 1 par. 2 pt. f). Ainsi, le droit international privé allemand des personnes morales est en principe de nature nationale, mais il est sous l'influence des droits international et européen.

14 Les critères de rattachement de la loi applicable aux sociétés sont d'origine jurisprudentielle. La loi applicable à une société régit en principe toutes les questions qui la concernent, dont celle de sa personnalité morale et celle de sa capacité d'exercice[8]. Dans la mesure où une société est dotée de la personnalité juridique selon la loi la régissant, le droit allemand lui reconnaît cette personnalité juridique. En revanche, la capacité d'exercice peut être soumise aux conditions édictées par la loi allemande.

15 Pour déterminer la loi applicable à une société, la Cour fédérale de justice applique deux théories. En principe, elle adhère à la théorie du siège (*Sitztheorie*), selon laquelle la loi applicable à la société est celle de

---

[5] Thorn, in : Palandt, BGB, 77e éd., Munich 2018, EGBGB 7, n° 5.
[6] V. par ex., Ludwig, in : jurisPK-BGB, t. 6, 8e éd., Sarrebruck 2017, Art. 7 EGBGB, n° 24.
[7] OLG Düsseldorf, 25 novembre 1994 - 22 U 23/94, IPRax 1996, p. 199.
[8] Brödermann/Rosengarten, Internationales Privat- und Zivilverfahrensrecht, 7e éd., Munich 2015, n° 526.

l'État dans lequel est situé le siège de l'administration principale de la société. Ce lieu est celui de la mise en œuvre effective des décisions fondamentales de la gestion de l'entreprise[9]. La mise en œuvre de la théorie du siège peut avoir des conséquences potentiellement néfastes après le transfert du siège dans un autre État, notamment la perte de la personnalité juridique par une société qui ne remplit pas les conditions de la loi de l'État dans lequel elle a transféré son siège. Cependant, dans certaines hypothèses, qui seront analysées ci-après, la jurisprudence applique la théorie de l'incorporation ou plus précisément la théorie de la constitution (*Gründungstheorie*). La loi applicable à la société est alors celle selon laquelle elle a été constituée. Généralement, il s'agit de la loi de l'État dans lequel elle a son siège statutaire et non nécessairement effectif[10].

16 L'hypothèse principale dans laquelle la jurisprudence allemande applique la théorie de l'incorporation dans les rapports franco-allemands est celle d'une société constituée dans un État membre de l'Union européenne. Sous l'influence de la jurisprudence de la Cour de justice de l'Union européenne[11] et afin de respecter la liberté d'établissement (art. 49 et art. 54 TFUE) la Cour de justice fédérale applique les critères de la théorie de l'incorporation aux sociétés qui ont été fondées conformément à la loi d'un État membre[12].

---

[9] BGH, 21 mars 1986 - V ZR 10/85.

[10] Brödermann/Rosengarten, Internationales Privat- und Zivilverfahrensrecht, 7e éd., Munich 2015, n° 532, Kindler, in: Münchener Kommentar zum Bürgerlichen Gesetzbuch, Bd. 12, Internationales Privatrecht II, 7e éd., Beck, Munich 2018, IntGesR, n° 7.

[11] CJUE, 16 décembre 2008 - C-210/06 (Cartesio); CJUE, 30 septembre 2003 - C-167/01 (Inspire Art); CJUE, 5 novembre 2002 - C-208/00 (Überseering); CJUE, 9 mars 1999 - C-212/97 (Centros); voir, pour une application récente, interdisant à un État membre de subordonner la transformation transfrontalière d'une société relevant de son droit national en une société relevant du droit d'un autre État membre à la liquidation de la société : CJUE, 25 octobre 2017 - C-106/16 (Polbud).

[12] BGH, 12 juillet 2011 - II ZR 28/10.

17 La deuxième hypothèse d'application de la théorie de l'incorporation est celle d'une société constituée selon les règles d'un État avec lequel l'Allemagne a conclu un traité bilatéral sur les rapports commerciaux. L'exemple le plus important est l'art. XXV par. 5 du Traité sur l'amitié, le commerce et la navigation entre la République fédérale d'Allemagne et les États-Unis d'Amérique du 7 mai 1956, en vertu duquel le statut juridique des sociétés constituées conformément aux règles d'un des deux États est reconnu dans l'autre État[13]. Une règle identique se trouve également dans de nombreux autres traités bilatéraux[14].

18 Une autre question qui se décline sous deux aspects est celle du renvoi. Si le droit international privé allemand admet en principe le renvoi (art. 4 EGBGB), le droit international privé européen l'exclut généralement (art. 20 Rome I, art. 24 Rome II, art. 11 Rome III[15], mais cf. art. 34 Rome IV). Ainsi, le renvoi est admis lorsque la société n'a pas été constituée dans un État membre de l'Union européenne. En présence d'une société qui peut se prévaloir de la liberté d'établissement européenne, le renvoi par la loi de l'État dans lequel la société a été incorporée à la loi de l'État dans lequel la société a son siège effectif ne peut être admis que dans l'hypothèse où l'État dans lequel la société a été incorporée applique la théorie du siège[16].

---

13 BGH, 29 janvier 2003 - VIII ZR 155/02.

14 V. par ex., l'art. 15 du Traité d'établissement entre la République fédérale d'Allemagne et l'État espagnol du 23 avril 1970.

15 Règlement (UE) n° 1259/2010 du Conseil du 20 décembre 2010 mettant en œuvre une coopération renforcée dans le domaine de la loi applicable au divorce et à la séparation de corps; v. aussi, l'article 32 du règlement (UE) 2016/1103 du Conseil du 24 juin 2016 mettant en œuvre une coopération renforcée dans le domaine de la compétence, de la loi applicable, de la reconnaissance et de l'exécution des décisions en matière de régimes matrimoniaux.

16 von Hein, in: Münchener Kommentar zum Bürgerlichen Gesetzbuch, Bd. 11, Internationales Privatrecht I, 7e éd., Beck, Munich 2018, Art. 4 EGBGB, n° 150.

2. Les capacités relatives au mariage

19 La capacité à mariage ne concerne la pratique notariale que dans la mesure où elle est une question qui peut se poser préalablement à la rédaction d'un contrat de mariage. Il est important de distinguer la capacité à mariage (a) de la capacité à conclure un contrat de mariage (b).

a) La capacité à mariage

20 La règle de rattachement de la capacité à mariage (*Ehefähigkeit* ou *Ehemündigkeit*) est précisée à l'article 13 al. 1 EGBGB, selon lequel les conditions du mariage relèvent pour chacun des fiancés de sa loi nationale respective. Si la loi nationale renvoie elle-même à une autre loi, ce renvoi est effectif (art. 4 al. 1 EGBGB).

21 Le droit allemand soumet la conclusion d'un mariage par un ressortissant étranger à la présentation d'une attestation établie par les autorités compétentes du pays dont la personne est ressortissante (§ 1309 al. 1 du code civil allemand (*Bürgerliches Gesetzbuch - BGB*)). Cette attestation n'est pas requise s'il s'agit de personnes de même sexe dont la loi nationale n'admet pas le mariage entre personnes de même sexe (§ 1309 al. 3 BGB).

22 L'administration internationale de la preuve de la capacité matrimoniale est facilitée par l'adhésion de l'Allemagne à la *Convention relative à la délivrance d'un certificat de capacité matrimoniale* (CIEC, Munich, 5 septembre 1980)[17]. Or, la France n'ayant pas ratifié cette convention, les certificats de capacité à mariage établis par les autorités françaises ne remplissent pas les exigences légales du § 1309 al. 1 BGB. Ils doivent faire l'objet d'une procédure payante dite d'« exonération de l'exigence de rapporter un certificat de capacité matrimoniale » selon le § 1309 al. 2

---

[17] V. le texte de la convention et l'état des ratifications sur le site http://www.ciec1.org.

BGB devant le *Oberlandesgericht* (tribunal régional supérieur)[18] du lieu de résidence du citoyen français souhaitant se marier en Allemagne.

23 Deux autres conventions internationales relatives à la capacité à mariage sont en vigueur en Allemagne, à savoir la *Convention tendant à faciliter la célébration des mariages à l'étranger* (CIEC, Paris, 10 septembre 1964), et la *Convention pour régler les conflits de lois en matière de mariage* (HCCH, La Haye, 12 juin 1902). La France n'ayant pas ratifié la première et ayant dénoncé la dernière, ces conventions ne s'appliquent pas dans les rapports franco-allemands.

b) La capacité à conclure un contrat de mariage

24 Enfin, la capacité à mariage doit être distinguée de la capacité à conclure un contrat de mariage. Cette capacité n'est pas considérée, sous l'angle du droit international privé allemand, comme une capacité spéciale. Le § 1411 BGB soumet la conclusion d'un contrat de mariage par une personne incapable ou dont la capacité d'exercice est restreinte à l'accord de son représentant légal. L'usage du terme *Geschäftsfähigkeit* indique que la conclusion d'un contrat de mariage est subordonnée à la capacité d'exercice générale, aux règles de rattachement de laquelle il convient de se référer[19].

3. Les capacités relatives aux successions

25 En matière de succession, la pratique notariale s'intéressera à deux capacités spéciales : celle de succéder (a) et celle de tester (b).

a) La capacité de succéder

26 La capacité de succéder est régie par la loi applicable à la succession en général[20]. Cette règle désormais explicite (art. 23 par. 2 pt. c Rome

---

[18] Dans la hiérarchie des juridictions, l'*Oberlandesgericht* correspond à la cour d'appel française (pour une présentation de l'ordre juridictionnel allemand, v. *Witz*, Le droit allemand, 3e éd., Dalloz 2018, p. 39 et s.).
[19] V. n° 8 et s.
[20] V. n° 152 et s.

IV)[21] existait déjà en droit interne allemand. Ce principe connaissait un tempérament doctrinal important, mais contesté : dans la mesure où la loi applicable à la succession soumettait la capacité de succéder à la capacité générale de jouissance (*Rechtsfähigkeit*), la loi applicable à celle-ci devait être déterminée de manière autonome, c'est-à-dire selon l'article 7 al. 1 EGBGB[22].

b) La capacité de tester

27 La capacité de tester est régie par la loi qui aurait été applicable à la succession au moment où la disposition à cause de mort a été effectuée (v. art. 26 al. 5 EGBGB dans sa version en vigueur jusqu'au 16 août 2015 ; art. 24 par. 1 et art. 26 par. 1 pt. a Rome IV)[23].

B. La représentation

28 À la lumière du droit international privé allemand de la représentation, il convient de considérer trois catégories : la représentation par procuration (1), la représentation des personnes morales (2) et la représentation des personnes protégées (3).

1. La représentation par procuration

29 En matière de procuration, le droit allemand opère une distinction entre l'engagement du mandataire vis-à-vis du mandant d'un côté et son pouvoir de représentation à l'égard des tiers d'autre côté. La procuration est considérée comme un acte abstrait et autonome dont la validité ne dépend pas de celle du contrat de mandat en exécution duquel elle a été accordée[24]. La question de savoir si un représentant peut engager le

---

[21] Thorn, in : Palandt, BGB, 77e éd., Munich 2018, EuErbVO 23, n° 2.
[22] Cf., Ludwig, in : jurisPK-BGB, t. 6, 8e éd., Sarrebruck 2017, Art. 25, 26 EGBGB, n° 79 ; Thorn, in : Palandt, BGB, 71e éd., Munich 2012, EGBGB 25, n° 16 ; sur la capacité générale, v. n° 10.
[23] V. Ludwig, in : jurisPK-BGB, t. 6, 8e éd., Sarrebruck 2017, Art. 25, 26 EGBGB, n° 281.
[24] Witz, Le droit allemand, 3e éd., Dalloz 2018, p. 114 et s.

représenté est exclue du champ d'application matériel du règlement Rome I (art. 1 par. 2 pt. g)[25]. En revanche, les rapports contractuels entre le représentant et le représenté sont soumis au régime du règlement Rome I[26].

30 En droit allemand, le régime du rattachement des effets de la représentation entre le représenté et son co-contractant était de nature jurisprudentielle jusqu'au 16 juin 2017[27] (a). Pour les procurations accordées et les actes par procuration effectués à compter du 17 juin 2017[28], l'article 8 EGBGB contient des règles de conflit de lois en matière de représentation (b).

a) Les procurations accordées avant le 17 juin 2017

31 En matière immobilière, la loi applicable à la représentation lors de tout acte ayant pour objet la modification d'un droit réel immobilier est la *lex rei sitae*[29].

32 Pour les autres actes, la jurisprudence distingue entre les représentants de droit commun et les représentants commerciaux. Dans la mesure où un représentant commercial a un établissement fixe d'où il accomplit des actes par procuration, l'efficacité de la représentation est

---

[25] La proposition du règlement présentée par la Commission (15 décembre 2005, COM(2005) 650 final) avait consacré l'article 7 à la représentation et à l'intermédiation, mais le Conseil et le Parlement européen ont préféré omettre cette matière, jugée trop complexe (v. Wagner, Der Grundsatz der Rechtswahl und das mangels Rechtswahl anwendbare Recht, IPRax 2008, p. 377 (378)).
[26] Ringe, in : jurisPK-BGB, t. 6, 8e éd., Sarrebruck 2017, Art. 1 Rom I-VO, n° 44.
[27] L'Allemagne n'est pas signataire de la *Convention sur la loi applicable aux contrats d'intermédiaires et à la représentation* (HCCH, La Haye, 14 mars 1978).
[28] V. art. 229 § 41 EGBGB relatif à l'applicabilité *ratione temporis* du nouvel article 8 EGBGB.
[29] Selon une jurisprudence remontant au Tribunal d'empire : RG, 18 octobre 1935 - VII 83/35, RGZ 149, p. 93 (94) ; v. Mansel, in: Staudinger, Kommentar zum Bürgerlichen Gesetzbuch mit Einführungsgesetz und Nebengesetzen, Internationales Sachenrecht, Berlin 2015, Art 43 EGBGB, n° 1091 et s.

rattachée à la loi de son établissement[30]. Cette règle concerne notamment les agents commerciaux. Pour les représentants commerciaux sans établissement fixe et les représentants non-commerciaux, la question de l'efficacité de la représentation est soumise à la loi de l'État dans lequel le représentant fait usage de son pouvoir de représentation, donc l'État où le pouvoir de représentation déploie ses effets[31]. En revanche, n'est pas considéré comme un représentant commercial ayant un établissement fixe l'employé qui représente son employeur, une société à capitaux, en vertu d'une procuration donnée par un des organes de la société[32].

b) Les procurations accordées à compter du 17 juin 2017

33 En matière immobilière, le critère de rattachement n'a pas changé : la loi applicable à la représentation lors de tout acte ayant pour objet la modification d'un droit réel immobilier est la *lex rei sitae* (art. 8 al. 6 EGBGB).

34 Pour tous les autres actes, le choix de la loi applicable à la représentation par procuration est admissible (art. 8 al. 1 EGBGB). Il peut être effectué unilatéralement par le représenté avant que le représentant n'exerce le pouvoir de représentation et sous condition que le représentant et le tiers aient connaissance de ce choix[33].

35 À défaut de choix, la loi propose le recours à deux critères de rattachement objectif[34] : le lieu d'exercice du pouvoir de représentation et la résidence habituelle. Ainsi, la représentation est régie par la loi de l'État dans lequel le représentant, agissant dans le cadre de son activité entrepreneuriale, ou l'employeur du représentant, a sa résidence habituelle, sous condition que ce lieu était identifiable pour le tiers (art. 8

30 V. par ex., BGH, 8 octobre 1991 - XI ZR 64/90 ; BGH, 26 avril 1990 - VII ZR 218/89.

31 V. par ex., BGH, 26 avril 1990 - VII ZR 218/89.

32 BGH, 3 février 2004 - XI ZR 125/03.

33 Wiedemann, in : jurisPK-BGB, t. 6, 8e éd., Sarrebruck 2017, Art. 8 EGBGB, n° 21 et s.

34 Sur la "cascade" de rattachements, v. Wiedemann, in : jurisPK-BGB, t. 6, 8e éd., Sarrebruck 2017, Art. 8 EGBGB, n° 27 et s.

al. 2 et 3 EGBGB). La représentation par procuration exercée par un représentant n'agissant ni en qualité d'entrepreneur ni en qualité d'employé est soumise à la loi de l'État dans lequel le représentant exerce habituellement le pouvoir de représentation, sous condition que ce lieu était identifiable pour le tiers (art. 8 al. 4 EGBGB). Si le représentant n'exerce son pouvoir de représentation ni en qualité d'entrepreneur ou d'employé ni à titre habituel, la loi applicable à la représentation par procuration est celle de l'État dans lequel le représentant exerce concrètement son pouvoir de représentation (art. 8 al. 5 phrase 1 EGBGB).

2. La représentation des personnes morales

36 La question de savoir si un organe d'une personne morale peut l'engager envers des tiers est exclue du champ d'application du règlement Rome I (art. 1 par. 2 pt. g). Ainsi, le rattachement du pouvoir de représentation des organes des personnes morales s'apprécie à la lumière du droit international privé allemand interne qui soumet la question de la représentation d'une personne morale à la loi généralement applicable à la personne morale[35].

3. La représentation des personnes protégées

37 La loi peut prévoir la représentation de certaines personnes physiques qu'elle souhaite mettre à l'abri des conséquences potentiellement nuisibles de certains engagements lorsqu'elles ne disposent pas des facultés morales leur permettant d'en mesurer les conséquences. Ce souci concerne non seulement les mineurs (b) mais également certains majeurs (a).

a) La représentation des adultes protégés

38 Le droit international privé des mesures relatives à la protection des adultes qui ne sont pas en mesure de pourvoir à leurs besoins relève, en droit allemand, d'une réglementation nationale et internationale. Il

[35] V. n° 13.

convient d'abord de préciser que le droit allemand ne distingue pas, contrairement au droit français, entre la sauvegarde de justice, la curatelle et la tutelle. La mesure fonctionnellement équivalente du droit allemand est la *Betreuung* dont le mécanisme est distinct des mesures françaises. Il suffira ainsi de souligner que le *Betreuer* est investi d'un pouvoir de représentation général, dont l'efficacité à l'égard des tiers n'est pas limitée à des actes ou des domaines spécifiques. Une autre mesure susceptible d'être appliquée dans l'intérêt d'un adulte est la *Pflegschaft*. Cette mesure a vocation à intervenir de manière ponctuelle dans des hypothèses variées, notamment lorsque l'adulte en question est inconnu, par exemple si un héritier n'est pas encore identifié. La *Pflegschaft* correspond à l'administration – *ad hoc*, le cas échéant – du droit français.

39 Le droit international privé allemand interne soumet la création, la modification et la fin de la *Betreuung* et de la *Pflegschaft* à la loi nationale de la personne placée sous une telle mesure (art. 24 al. 1 EGBGB), et la portée de cette mesure à la loi de l'autorité qui l'ordonne (art. 24 al. 3 EGBGB). Cette dernière détermine notamment l'étendue du pouvoir de représentation du *Betreuer* et du *Pfleger* – ou de leur homologue fonctionnel[36].

40 Comme la France et l'Allemagne ont ratifié la *Convention sur la protection internationale des adultes* (HCCH, La Haye, 13 janvier 2000)[37], elle

---

[36] Wiedemann, in : jurisPK-BGB, t. 6, 8e éd., Sarrebruck 2017, Art. 24 EGBGB, n° 68 ; Thorn, in : Palandt, BGB, 77e éd., Munich 2018, EGBGB 24, n° 4.

[37] Il convient de noter que l'Allemagne a émis la réserve prévue aux articles 51 al. 2, 56 al. 1 de la Convention. Cette réserve est relative à l'utilisation du français dans l'hypothèse où la traduction d'une communication adressée à une des autorités compétentes serait difficile à effectuer en langue allemande. Entre les langues française et anglaise, l'Allemagne a privilégié l'anglais. Le titre allemand de la convention est "*Haager Übereinkommen über den internationalen Schutz von Erwachsenen vom 13.01.2000*". Son acronyme habituel est "ESÜ". Notons que cet acronyme peut également désigner le "*Europäisches Sorgerechtsübereinkommen*", c'est-à-dire la *Convention européenne sur la reconnaissance et l'exécution des décisions en matière de garde des enfants et le rétablissement de la garde des enfants* (Conseil de l'Europe, Luxembourg, 20 mai 1980).

doit être appliquée de manière prioritaire dans les rapports franco-allemands. Son article 5 par. 1 donne compétence aux autorités de l'État dans lequel réside habituellement l'adulte pour prendre les mesures tendant à sa protection. Dans l'exercice de cette compétence, les autorités appliquent en principe leur propre droit (art. 13 par. 1).

b) La représentation des mineurs

41 Tandis que les parents sont les représentants légaux naturels de leurs enfants mineurs (aa), l'État peut également décider de placer ces derniers sous un régime de représentation spécial (bb).

aa) La représentation légale par les parents

42 Le droit international privé allemand soumet les rapports entre l'enfant et ses parents à la loi de la résidence habituelle de l'enfant (art. 21 EGBGB). Cette loi est applicable notamment à la responsabilité parentale et à l'autorité parentale (*elterliche Sorge*) et plus particulièrement à la question de la représentation légale de l'enfant par ses parents[38].

43 Toutefois, dans les rapports franco-allemands, la loi nationale est remplacée par la *Convention concernant la compétence, la loi applicable, la reconnaissance, l'exécution et la coopération en matière de responsabilité parentale et de mesures de protection des enfants* (HCCH, La Haye, 19 octobre 1996)[39]. Dans les rapports franco-allemands, la Convention de la Haye du 19 octobre 1996 remplace également la *Convention concernant la compétence des autorités et la loi applicable en matière de protection des mineurs* (HCCH, La Haye,

---

[38] Thorn, in : Palandt, BGB, 77e éd., Munich 2018, EGBGB 21, n° 5.

[39] Le titre allemand de cette Convention est "*Haager Übereinkommen über die Zuständigkeit, das anzuwendende Recht, die Anerkennung, Vollstreckung und Zusammenarbeit auf dem Gebiet der elterlichen Verantwortung und der Maßnahmen zum Schutz von Kindern*", ou "*Kinderschutzübereinkommen*". L'acronyme usuel est "KSÜ". À l'instar de la convention sur la protection des adultes, l'Allemagne a émis la réserve prévue aux articles 54 al. 2 et 60 de la Convention, préférant l'anglais au français comme langue cible d'une traduction difficilement réalisable en langue allemande.

5 octobre 1961)[40]. En revanche, le *règlement (CE) n° 2201/2003 du Conseil du 27 novembre 2003 relatif à la compétence, la reconnaissance et l'exécution des décisions en matière matrimoniale et en matière de responsabilité parentale (Bruxelles IIbis)*[41] s'applique de manière prioritaire par rapport à la Convention de la Haye du 19 octobre 1996 (art. 61 Bruxelles IIbis) entre la France et l'Allemagne. Toutefois, le champ d'application matériel du règlement est plus restreint que celui de la Convention. Le règlement Bruxelles IIbis traite principalement de questions d'ordre procédural. C'est donc la Convention de la Haye du 19 octobre 1996 qui régit la détermination de la loi applicable à la responsabilité parentale dans les rapports franco-allemands. Son article 16 par. 1 retient la même solution que l'article 21 EGBGB, à savoir que la loi applicable est celle de la résidence habituelle de l'enfant. Elle apporte également des précisions, notamment la règle selon laquelle la responsabilité parentale existante subsiste après le changement de la résidence habituelle de l'enfant (art. 16 par. 3).

bb) La tutelle et l'administration ad hoc des mineurs

44 Les enfants dont les parents ne peuvent pas exercer l'autorité parentale sont placés sous tutelle (*Vormundschaft*). Lorsque les parents sont légalement empêchés d'accomplir un acte spécifique au nom de leur enfant, un administrateur *ad hoc* (*Ergänzungspfleger*) sera nommé. L'hypothèse classique de l'intervention d'un administrateur *ad hoc* est celle de la transmission de biens entre parents et leurs enfants mineurs.

45 Le droit international privé allemand interne soumet la création, la modification et la fin de la tutelle des mineurs et de l'administration *ad hoc* à la loi nationale du mineur (art. 24 al. 1 EGBGB). La portée de la tutelle légale des mineurs est soumise à la loi nationale du mineur (art. 24 al. 1 EGBGB), tandis que la portée d'une tutelle ordonnée par une autorité et de l'administration *ad hoc* sont soumises à la loi de l'autorité

---

40 Le titre allemand de cette Convention est "*Übereinkommen über die Zuständigkeit der Behörden und das anzuwendende Recht auf dem Gebiet des Schutzes von Minderjährigen*". Son acronyme usuel est "MSA".

41 L'appellation usuelle allemande de ce règlement (*Verordnung*) est "Brüssel IIa-VO".

qui ordonne la mesure (art. 24 al. 3 EGBGB). La loi régissant la portée de la tutelle et de l'administration détermine notamment l'étendue du pouvoir de représentation du tuteur et de l'administrateur[42].

46 Dans les rapports franco-allemands, la Convention de la Haye du 19 octobre 1996 remplace l'article 24 EGBGB. L'article 1er par. 2 de la Convention assimile les pouvoirs d'un tuteur ou d'un autre représentant légal à la responsabilité parentale. Ainsi, la loi applicable à la tutelle des mineurs et à l'administration *ad hoc* est déterminée selon les articles 15 à 22 de la Convention.

III. — DROIT INTERNATIONAL PRIVE DES EFFETS PATRIMONIAUX DES UNIONS CIVILES

47 Avant de présenter les règles de rattachement des effets patrimoniaux des unions civiles, il convient d'ouvrir une parenthèse pour apporter trois précisions.

48 La première précision concerne la notion d'union civile. Nous visons uniquement les unions dont la formation requiert un acte étatique solennel. Ne seront pas prises en considération les rapports patrimoniaux entre deux ou plusieurs personnes vivant en concubinage de fait, même si elles peuvent organiser certains aspects de leur vie commune moyennant un contrat formel. Nous allons étudier uniquement le rattachement des effets patrimoniaux du mariage et des partenariats enregistrés, quels que soit leur désignation dans la législation nationale. En Allemagne, il s'agit de la *eingetragene Lebenspartnerschaft* (« partenariat à vie enregistré »), qui ne peut pas être considérée tout à fait comme un équivalent fonctionnel du pacte civil de solidarité. La *eingetragene Lebenspartnerschaft* était conçue comme un *ersatz* du mariage ; elle était réservée aux couples de même sexe. Depuis l'ouverture du mariage aux couples de même sexe en 2017, le partenariat à vie enregistré ne peut

---

[42] Wiedemann, in : jurisPK-BGB, t. 6, 8e éd., Sarrebruck 2017, Art. 24 EGBGB, n° 68.

plus être formé, mais les partenariats existants continuent à produire leurs effets[43].

49 Le phénomène du partenariat enregistré appelle une deuxième observation, celle-ci d'ordre terminologique. Le lecteur aura remarqué que l'intitulé de ce chapitre annonce les règles de rattachement des « effets patrimoniaux des unions civiles » au lieu d'employer l'expression traditionnelle « régime matrimonial ». Cette terminologie tient compte des évolutions récentes de la matière, qui a vu l'introduction de formes alternatives d'union civile officialisée et l'ouverture du mariage aux personnes de même sexe. Le terme « régime matrimonial » vient du mot latin pour mariage, *matrimonium*, ce qui, d'un point de vue linguistique, interdit son usage pour désigner les effets patrimoniaux des unions civiles qui ne sont pas des mariages. *Matrimonium* est dérivé de *mater* (mère) ; évoquant la maternité, le terme paraît également inadapté pour désigner les mariages entre personnes de même sexe. L'expression « régime matrimonial » sera ainsi employée uniquement dans sa signification traditionnelle, c'est-à-dire pour désigner spécifiquement les effets patrimoniaux du mariage entre une femme et un homme. Les juristes allemands ne sont pas confrontés à cette difficulté terminologique, car « régime matrimonial » se traduit en allemand par « *ehelicher Güterstand* », littéralement « statut matrimonial des biens », ce qui permet d'utiliser le terme *Güterstand* indifféremment pour désigner les effets patrimoniaux de toutes les formes d'union civile, soit-elles formées entre personnes de même sexe ou non.

50 La troisième et dernière précision concerne le régime matrimonial franco-allemand. Celui-ci est régi par les dispositions de l'accord entre la République française et la République fédérale d'Allemagne instituant un régime matrimonial optionnel de la participation aux acquêts, signé à Paris le 4 février 2010[44]. Cet accord ne comporte pas de règles de droit

---

43 V. n° 72.

44 Pour la transposition en France, v. le décret n° 2013-488 du 10 juin 2013 portant publication de l'accord entre la République française et la République fédérale d'Allemagne instituant un régime matrimonial optionnel de la

international privé ; il introduit un régime matrimonial supplémentaire dans le droit substantiel des deux États signataires qui peut être choisi par tout couple dont le régime matrimonial est régi par la loi d'un des deux États[45].

51 Fermons la parenthèse pour envisager les règles de conflit relatives aux régimes matrimoniaux. Le législateur européen a créé deux règlements relatifs au rattachement des effets patrimoniaux des unions civiles qui seront applicables à partir du 29 janvier 2019 (II). Jusqu'à cette date[46], le rattachement des effets patrimoniaux des unions civiles est régi par le droit international privé national, c'est-à-dire, en Allemagne, par les dispositions de l'EGBGB (I).

A. Le rattachement des effets patrimoniaux des unions civiles sous le régime du droit allemand

52 Jusqu'au 29 janvier 2019, les effets patrimoniaux des unions civiles sont rattachés selon les règles de l'EGBGB. Le législateur allemand n'a pas jugé prudent d'appliquer au mariage entre personnes de même sexe et au partenariat enregistré les mêmes règles de rattachement qu'au mariage entre une femme et un homme. Il convient donc d'envisager

---

participation aux acquêts, signé à Paris le 4 février 2010, JORF n°0134 du 12 juin 2013, p. 9733, texte n° 3; pour la transposition en Allemagne, v. § 1519 BGB, inséré par l'art. 2 n° 2 de la *Gesetz zu dem Abkommen vom 4. Februar 2010 zwischen der Bundesrepublik Deutschland und der Französischen Republik über den Güterstand der Wahl-Zugewinngemeinschaft vom 15. März 2012*, BGBl. 2012 II S. 178.

45 En Allemagne, le régime matrimonial optionnel de la participation aux acquêts est également éligible par des conjoints unis par un partenariat enregistré (v. § 7 LPartG, qui renvoie aux dispositions relatives aux contrats de mariage).

46 La Convention de la Haye du 17 mai 1905 n'est plus applicable. Mais elle a vocation à régir le rattachement de certains mariages célébrés pendant sa validité, à savoir dans les rapports entre l'Allemagne et la Suède ainsi que la Pologne jusqu'au 23 août 1962, entre l'Allemagne et les Pays-Bas jusqu'au 23 août 1977 et entre l'Allemagne et l'Italie jusqu'au 23 août 1987 (v. Ludwig, in : jurisPK-BGB, t. 6, 8e éd., Sarrebruck 2017, Art. 15 EGBGB, n° 2).

séparément le rattachement des effets patrimoniaux du mariage entre une femme et un homme (1), des unions civiles entre personnes de même sexe (2) et du partenariat enregistré entre personnes de sexes différents (3).

1. Le rattachement des régimes matrimoniaux sous le régime du droit allemand

53 En raison d'une réforme législative incitée par une décision du Tribunal constitutionnel fédéral, il est nécessaire de distinguer entre deux périodes, celle d'avant le 1er avril 1983 (a) et celle d'après (b), pour déterminer la loi applicable au régime matrimonial.

a) Le rattachement des régimes matrimoniaux avant le 1er avril 1983

54 Les régimes matrimoniaux étaient initialement rattachés à la loi nationale du mari (ancien art. 15 EGBGB). Une décision du Tribunal constitutionnel fédéral de 1983 a déclaré inconstitutionnelle cette règle violant le principe d'égalité des sexes (art. 3 al. 2 GG)[47]. Une réforme législative, prévoyant un régime transitoire complexe, est intervenue en 1986[48]. Les normes contraires à l'art. 3 al. 2 GG restant en vigueur jusqu'au 31 mars 1953 (art. 117 al. 1 GG), le régime matrimonial des mariages célébrés avant le 1er avril 1953 reste soumis à la loi qui lui était applicable avant la décision du Tribunal constitutionnel fédéral, sauf si les époux souhaitent modifier la loi applicable par un commun accord (art. 220 al. 3 phrase 6 EGBGB). Le régime matrimonial des mariages célébrés après le 31 mars 1953 est soumis, jusqu'au 8 avril 1983, soit à la loi nationale commune des époux au moment de la célébration du mariage, soit à la loi à laquelle les époux l'ont explicitement ou implicitement soumis, soit, à titre subsidiaire, à la loi nationale du mari au moment de la célébration du mariage (art. 220 al. 3 phrase 1 EGBGB). À

[47] BVerfG, 22.02.1983 - 1 BvL 17/81.
[48] Gesetz vom 25. Juli 1986 zur Neuregelung des Internationalen Privatrechts, BGBl. 1986, S. 1142.

compter du 9 avril 1983, la loi applicable se détermine selon l'art. 15 EGBGB dans sa version en vigueur à compter du 1er septembre 1986 (art. 220 al. 3 phrase 5 EGBGB). Cette règle peut avoir pour conséquence un changement du régime matrimonial au cours du mariage[49].

b) Le rattachement des régimes matrimoniaux pendant la période comprise entre le 1er avril 1983 et le 29 janvier 2019

55 Le rattachement objectif des régimes matrimoniaux des mariages célébrés après le 1er avril 1983 et avant le 29 janvier 2019 ainsi que les modalités des choix de loi applicable effectués dans cette période sont soumis aux règles nationales de conflit de lois actuellement en vigueur[50].

56 Pour la pratique notariale transfrontalière, il convient d'abord de souligner que dans l'hypothèse où le régime matrimonial, par l'effet de la loi ou d'une convention, est soumis à une loi étrangère, les tiers peuvent se prévaloir, sous certaines conditions, des règles légales du droit matériel allemand (art. 16 EGBGB)[51].

57 En ce qui concerne les rapports des époux entre eux, l'on peut distinguer trois catégories juridiques dont le droit allemand soumet les critères de rattachement à des régimes plus ou moins stricts : les conditions, les effets généraux et les effets patrimoniaux du mariage. Tandis que les conditions du mariage doivent, sauf cas exceptionnels, être réunies en la personne de chacun des futurs époux selon sa propre loi nationale, sans que les époux puissent en choisir une autre (art. 13 EGBGB),[52] les règles sont plus souples en ce qui concerne les effets du mariage. Il convient d'exposer d'abord les critères objectifs de

---

[49] Thorn, in : Palandt, BGB, 77e éd., Munich 2018, EGBGB 15, n° 11 et s.
[50] Une seule exception : Lorsqu'épouse et mari n'ont que la nationalité iranienne, le rattachement de leur régime matrimonial est soumis aux règles du Traité d'établissement entre l'Empire allemand et l'Empire perse (Iran) du 17 février 1929 (v. Ludwig, in : jurisPK-BGB, t. 6, 8e éd., Sarrebruck 2017, Art. 14 EGBGB, n° 2 et s., spéc. n° 5.
[51] Cf. art. 28 du règlement 2016/1103, v. n° 80.
[52] V. n° 19 et s.

rattachement des effets du mariage (aa) avant de présenter les possibilités offertes aux époux de choisir la loi applicable à leur régime matrimonial (bb).

aa) Le rattachement des effets du mariage à défaut de choix de loi applicable

58 Le droit international privé allemand distingue entre les « effets généraux du mariage » (*allgemeine Ehewirkungen*, art. 14 EGBGB) et les « effets patrimoniaux du mariage » (*güterrechtliche Ehewirkungen*, art. 15 EGBGB). Par un souci de cohérence, ces derniers sont en principe soumis à la même loi que les effets généraux du mariage (art. 15 al. 1 EGBGB).

59 À défaut de choix exprimé par les époux, les effets généraux du mariage sont soumis à la loi nationale commune des époux s'ils ont la même nationalité (art. 14 al. 1 1° EGBGB). Si l'un des époux a deux ou plusieurs nationalités, seule la nationalité allemande, ou, à défaut, la « nationalité effective », à savoir celle de l'État auquel la personne est le plus étroitement rattachée, est prise en compte pour déterminer la loi nationale de l'époux (art. 5 al. 1 EGBGB).

60 À défaut d'une loi nationale commune, le mariage est régi par la loi de l'État dans lequel les époux ont leur résidence habituelle (art. 14 al. 1 2° EGBGB). Dans l'impossibilité de déterminer la loi applicable selon l'un de ces deux critères, le droit international privé allemand recourt à la loi de l'État avec lequel le couple a le lien le plus étroit (art. 14 al. 1 3° EGBGB).

61 Il est important de souligner que le rattachement objectif des effets généraux du mariage est dynamique dans la mesure où un changement de nationalité ou de résidence habituelle peut entraîner un changement des règles régissant les effets généraux du mariage[53]. En revanche, le rattachement objectif des effets patrimoniaux du mariage est immuable en ce que ceux-ci sont soumis à la loi régissant les effets généraux du

---

[53] Ludwig, in : jurisPK-BGB, t. 6, 8e éd., Sarrebruck 2017, Art. 14 EGBGB, n° 16; Thorn, in : Palandt, BGB, 77e éd., Munich 2018, EGBGB 14, n° 6.

mariage au moment de sa célébration (art. 15 al. 1 EGBGB)[54]. Les époux peuvent néanmoins changer leur régime matrimonial après la célébration du mariage en effectuant un choix de loi[55].

62 Enfin, le rattachement objectif des effets du mariage est soumis au principe du « renvoi global » (*Gesamtverweisung*), de sorte que le droit international privé allemand de la loi désignée par une des règles de rattachement susvisées peut renvoyer à la loi matérielle allemande ou conduire à une autre loi (art. 4 al. 1 EGBGB).

bb) Le choix de la loi applicable au régime matrimonial

63 Si les époux sont libres d'organiser leurs relations patrimoniales par un contrat de mariage à tout moment (§ 1408 al. 1 BGB), il est en principe interdit de déterminer le régime matrimonial par la désignation d'une loi étrangère (§ 1409 BGB). Or, ce principe connaît des exceptions importantes. Si la liberté des époux de choisir la loi régissant les effets du mariage en général est restreinte à des constellations spécifiques (art. 14 al. 2 et 3 EGBGB), les époux disposent d'une certaine marge de manœuvre pour choisir la loi applicable aux effets patrimoniaux du mariage (art. 15 al. 2 EGBGB).

64 Lorsque les époux exercent leur faculté de choisir la loi régissant les effets généraux du mariage selon l'art. 14 al. 2 ou 3 EGBGB, leur régime matrimonial sera en principe régi par la même loi (art. 15 al. 1 EGBGB)[56]. L'article 15 al. 1 EGBGB soumet les effets patrimoniaux du mariage à la loi régissant les effets généraux du mariage au moment de la célébration du mariage. Ainsi, pour avoir un impact sur le régime matrimonial, le choix de la loi régissant les effets généraux du mariage doit être exercé au plus tard au moment de la célébration du mariage[57].

---

[54] Ludwig, in : jurisPK-BGB, t. 6, 8e éd., Sarrebruck 2017, Art. 15 EGBGB, n° 91; Thorn, in : Palandt, BGB, 77e éd., Munich 2018, EGBGB 15, n° 3.
[55] V. n° 66.
[56] Thorn, in : Palandt, BGB, 77e éd., Munich 2018, EGBGB 15, n° 1.
[57] Ludwig, in : jurisPK-BGB, t. 6, 8e éd., Sarrebruck 2017, Art. 15 EGBGB, n° 99.

65 La possibilité d'effectuer un choix de loi applicable concernant les effets généraux du mariage n'est offerte qu'aux couples bi- ou plurinationaux. Dans l'hypothèse où les époux ont chacun deux ou plusieurs nationalités, dont au moins deux en commun, ils peuvent choisir une de leurs lois nationales communes, la règle de l'art. 5 al. 1 EGBGB[58] ne s'appliquant pas (art. 14 al. 2 EGBGB). Si les époux n'ont pas la même nationalité et, soit ne résident pas dans un État dont l'un d'eux est ressortissant, soit n'ont pas leur résidence habituelle dans le même État, ils peuvent choisir la loi nationale d'un des époux (art. 14 al. 3 EGBGB).

66 Les époux qui ne disposent pas de la faculté de choisir la loi applicable aux effets généraux de leur mariage (art. 14 al. 2 ou 3 EGBGB), et qui souhaitent modifier leur régime matrimonial après la célébration du mariage, peuvent effectuer un choix de loi applicable restreint aux effets patrimoniaux du mariage. Les époux peuvent soumettre leur régime matrimonial soit à la loi nationale de l'un d'eux, soit à la loi de l'État dans lequel l'un d'eux a sa résidence habituelle, soit enfin, pour les biens immobiliers, à la *lex rei sitae* (art. 15 al. 2 EGBGB). La question de savoir si des époux qui ont chacun deux ou plusieurs nationalités, dont au moins deux en commun, peuvent, par une application analogue de l'article 14 al. 2 EGBGB, librement choisir une de leurs lois nationales communes, ou si la règle de l'art. 5 al. 1 EGBGB[59] les en empêche, fait l'objet d'un débat doctrinal non résolu[60].

67 Dans tous les cas, le choix de loi applicable est soumis à l'exigence de la forme authentique s'il est effectué en Allemagne. Les conventions de choix de loi applicable conclues à l'étranger conformément aux exigences formelles de la *lex loci actus* ou de la loi désignée sont considérées valides quant à la forme (art. 14 al. 4 et art. 15 al. 3 EGBGB).

---

[58] V. n° 59.
[59] V. n° 59.
[60] Ludwig, in : jurisPK-BGB, t. 6, 8e éd., Sarrebruck 2017, Art. 15 EGBGB, n° 104.

68 Il convient enfin de préciser que lorsque les époux choisissent la loi applicable, le jeu du renvoi est exclu. Le choix de loi applicable désigne la loi matérielle à l'exclusion des règles de conflit (art. 4 al. 2 EGBGB)[61].

2. Le rattachement des effets patrimoniaux des unions civiles entre personnes de même sexe sous le régime du droit allemand

69 Alors que l'ouverture du mariage aux couples de même sexe a pour objectif de garantir une parfaite égalité de traitement des unions civiles, en effaçant toute discrimination en fonction du sexe des conjoints à l'égard des droits matériel et processuel, une différence de traitement persiste en droit international privé, le rattachement du mariage entre personnes de même sexe (b) suivant les mêmes règles de rattachement que les partenariats enregistrés entre personnes de même sexe (a).

a) Les partenariats enregistrés entre personnes de même sexe

70 Les conditions, les effets généraux et les effets patrimoniaux des partenariats enregistrés sont régis par la loi matérielle de l'État dans lequel est tenu le registre (art. 17b al. 1 EGBGB). Lorsque le couple a enregistré des partenariats ou des pactes équivalents dans plusieurs États, leur union est régie par la loi de l'État dans lequel elle a été enregistrée le plus récemment (art. 17b al. 3 EGBGB). Les conjoints ne peuvent choisir la loi applicable à leur partenariat qu'en formant leur union devant les autorités du pays à la loi duquel ils souhaitent se soumettre.[62]

71 Jusqu'au 30 septembre 2017, les effets d'un partenariat enregistré à l'étranger ne pouvaient pas aller au-delà de ce qui est prévue par la loi allemande pour les partenariats enregistrés (v. l'ancienne version de l'art.

---

[61] Rappelons que lorsque la loi applicable est déterminée par le jeu des règles de rattachement objectif, les règles relatives au conflit de lois de la loi désignée s'appliquent aussi, v. ° 62.

[62] Duden, in : jurisPK-BGB, t. 6, 8e éd., Sarrebruck 2017, Art. 17b EGBGB, n° 21.

17b al. 4 EGBGB). Cette norme a été abolie dans le cadre de la réforme instituant le mariage entre personnes de même sexe.

b) Les mariages entre personnes de même sexe

72 La loi relative à l'introduction du droit au mariage pour les personnes de même sexe du 20 juillet 2017[63] admet le mariage entre personnes de même sexe depuis le 1er octobre 2017 en modifiant notamment le § 1353 al. 1 BGB. La première phrase de cette disposition, qui ne définissait pas le sexe des conjoints (« Le mariage est conclu à vie » - "*Die Ehe wird auf Lebenszeit geschlossen*"), précise désormais que « Le mariage est conclu à vie par deux personnes de sexe différent ou identique » (*Die Ehe wird von zwei Personen verschiedenen oder gleichen Geschlechts auf Lebenszeit geschlossen*). En revanche, le « partenariat à vie enregistré » (*eingetragene Lebenspartnerschaft*), équivalent fonctionnel du pacte civil de solidarité français réservé aux couples de même sexe, ne peut désormais plus être formé (art. 3 al. 3 de la loi du 20 juillet 2017). Les partenariats existants continuent à produire leurs effets, les partenaires pouvant transformer leur union en mariage par déclaration devant l'officier d'état civil (§ 20a LPartG). La seule union civile formalisée qui puisse être formée par deux personnes, soient-elles de même sexe ou non, est donc désormais le mariage. En droit matériel, le mariage entre personnes de même sexe a la même nature et les mêmes effets que le mariage entre personnes de sexes différents[64].

73 En revanche, le mariage entre personnes de même sexe n'étant pas universellement répandu comme le mariage entre une femme et un homme, il pourrait arriver qu'un mariage entre personnes de même sexe valablement formé à l'égard du droit allemand doive être considéré sous une loi étrangère qui ne reconnaît point qu'un mariage puisse être célébré entre personnes de même sexe. Afin d'éviter une telle situation, le législateur allemand a jugé prudent de soumettre le mariage entre

---

[63] Gesetz zur Einführung des Rechts auf Eheschließung für Personen gleichen Geschlechts vom 20. Juli 2017, BGBl. I S. 2787 (Nr. 52).

[64] Brudermüller, in : Palandt, BGB, 77e éd., Munich 2018, § 1353, n° 1.

personnes de même sexe au même régime de rattachement que les partenariats enregistrés (art. 17b al. 4 EGBGB)[65]. Ainsi, les conditions, les effets généraux et les effets patrimoniaux du mariage entre personnes de même sexe sont régis par la loi matérielle de l'État dans lequel est tenu le registre (art. 17b al. 1 EGBGB).

3. Le rattachement des effets patrimoniaux des partenariats enregistrés entre personnes de sexes différents sous le régime du droit allemand

74 Avant sa suppression, le partenariat enregistré était réservé, en Allemagne, aux couples de même sexe. Ainsi, l'on peut se demander si la loi applicable à un partenariat entre personnes de sexes différents enregistré à l'étranger (tel un pacte civil de solidarité français formé par un homme et une femme) doit être déterminée selon les règles régissant le rattachement des partenariats enregistrés (art. 17b EGBGB) ou s'il convient d'appliquer à ce type d'union civile entre personnes de sexes différents les règles de rattachement du mariage (art. 13 et s. EGBGB).

75 Les meilleurs arguments luttent en faveur de l'application de l'article 17b EGBGB[66]. D'abord, la lettre de l'article 17b EGBGB ne mentionnant pas le sexe des partenaires, elle ne fait pas obstacle à l'application de cette norme aux partenariats enregistrés entre personnes de sexes différents. Même si ce type d'union civile n'est pas prévu par les règles substantielles du droit allemand, rien n'empêche qu'il soit reconnu par les règles de conflit des lois. Puis, cette forme d'union civile n'est pas universellement répandue comme l'est le mariage. Si la loi applicable au partenariat enregistré entre personnes de sexes différents était déterminée suivant les règles qui gouvernent le rattachement du mariage, cette opération risquerait d'aboutir à l'application d'une loi qui ne

---

[65] Coester, in: Münchener Kommentar zum Bürgerlichen Gesetzbuch, Bd. 11, Internationales Privatrecht I, 7e éd., Beck, Munich 2018, EGBGB Art. 17b, n° 2.

[66] La doctrine majoritaire favorise une application par analogie, v. Duden, in : jurisPK-BGB, t. 6, 8e éd., Sarrebruck 2017, Art. 17b EGBGB, n° 10.

reconnaît pas le partenariat enregistré entre personnes de sexes différents. En conséquence, cette union pourrait être considérée comme irrégulière ou, au contraire, être soumise au régime du mariage. Enfin, en choisissant le partenariat plutôt que le mariage, les partenaires ont exprimé leur souhait de ne pas se soumettre aux mêmes règles qu'un couple uni par les liens du mariage. Il convient donc d'appliquer aux partenariats enregistrés entre personnes de sexes différents les règles de rattachement de l'article 17b EGBGB, ne soit-ce que par analogie.

B. Le rattachement des effets patrimoniaux des unions civiles sous le régime du droit européen

76 Le rattachement des effets patrimoniaux des unions civiles (mariages et partenariats enregistrés) sera régi, en France et en Allemagne, par deux règlements européens à compter du 29 janvier 2019 : le *règlement (UE) 2016/1103 du Conseil du 24 juin 2016 mettant en œuvre une coopération renforcée dans le domaine de la compétence, de la loi applicable, de la reconnaissance et de l'exécution des décisions en matière de régimes matrimoniaux* ainsi que le *règlement (UE) 2016/1104 du Conseil du 24 juin 2016 mettant en œuvre une coopération renforcée dans le domaine de la compétence, de la loi applicable, de la reconnaissance et de l'exécution des décisions en matière d'effets patrimoniaux des partenariats enregistrés*[67].

77 Les deux règlements ont certains points en commun. *Ratione temporis*, ces règlements s'appliquent aux effets patrimoniaux des mariages célébrés et des partenariats enregistrés après le 29 janvier 2019, ainsi qu'aux effets patrimoniaux des unions formées avant le 30 janvier 2019, pourvu que les époux ou les partenaires désignent la loi applicable aux effets patrimoniaux de leur union après le 29 janvier 2019 (art. 69 par. 3 des règlements 2016/1103 et 2016/1104).

---

[67] Dans la logique des dénominations usuelles pour les règlements européens en matière de droit international privé, les deux règlements relatifs aux effets patrimoniaux des unions civiles, seront probablement appelés "Rome V" et "Rome VI". Or, nous préférons nous abstenir d'un emploi prématuré de ces termes.

78 S'intéressant uniquement aux effets patrimoniaux de l'union civile, les règlements ne régissent pas le rattachement des conditions et des effets généraux du mariage ou du partenariat enregistré, qui restent régies par le droit international privé national (considérants 21 des règlements 2016/1103 et 2016/1104).

79 La loi désignée par les règlements s'applique même s'il ne s'agit pas de la loi d'un État membre (art. 20 des règlements 2016/1103 et 2016/1104). À la différence de l'EGBGB, le renvoi par la loi désignée à une autre loi est exclu (art. 32 des règlements 2016/1103 et 2016/1104). Grâce au principe de l'unité de la loi applicable, la loi désignée en vertu des dispositions des règlements s'applique à l'ensemble des biens soumis aux effets patrimoniaux de l'union civile, quel que soit le lieu où les biens se trouvent (art. 21 des règlements 2016/1103 et 2016/1104).

80 Enfin, en ce qui concerne les effets patrimoniaux de l'union civile à l'égard des tiers, ils sont en principe soumis à la loi applicable aux effets patrimoniaux de l'union civile (art. 27 lit. f des règlements 2016/1103 et 2016/1104), si le tiers a eu connaissance de cette loi, est réputé en avoir connaissance ou aurait dû en avoir connaissance en faisant preuve de la diligence voulue (art. 28 des règlements 2016/1103 et 2016/1104)[68].

81 Hormis ces solutions identiques, les règlements 2016/1103 et 2016/1104 retiennent des solutions distinctes pour le rattachement des régimes matrimoniaux (1) et des effets patrimoniaux des partenariats enregistrés (2).

1. Le rattachement des régimes matrimoniaux sous le régime du règlement 2016/1103

82 Le règlement 2016/1103 s'applique aux régimes matrimoniaux (art. 1 par. 1 du règlement 2016/1103). Par « régime matrimonial », le règlement entend « l'ensemble des règles relatives aux rapports patrimoniaux entre époux et dans leurs relations avec des tiers, qui résultent du mariage ou de sa dissolution » (art. 3 par. 1 lit. a du

---

[68] Cf. art. 16 EGBGB, v. n° 56.

règlement 2016/1103). La notion de « mariage » n'est pas définie par le règlement ; cette définition relève du droit national des États membres (considérant 17 du règlement 2016/1103). Dans ce contexte, il convient de noter qu'en Allemagne, depuis le 1er octobre 2017, le mariage est ouvert aux personnes de même sexe (§ 1353 al. 1 BGB). Il sera intéressant de voir les premières applications jurisprudentielles qui devront trancher la question de savoir si la loi applicable à un mariage entre personnes de même sexe est déterminée selon les règles du règlement 2016/1103 ou selon celles du règlement 2016/1104, relatif aux partenariats enregistrés[69]. En attendant, seront successivement présentées les règles du rattachement objectif (a) et subjectif (b) sous le régime du règlement 2016/1103.

a) Le rattachement du régime matrimonial à défaut de choix de loi applicable

83 Si le règlement 2016/1103 vise d'abord, comme l'EGBGB, la loi nationale et la résidence habituelle comme critères du rattachement objectif, il fait prévaloir la résidence commune sur la nationalité commune. Ainsi, à défaut d'avoir effectué un choix de loi, le régime matrimonial est soumis, en principe, à la loi de l'État de la première résidence habituelle commune des époux après la célébration du mariage (art. 26 par. 1 lit. a du règlement 2016/1103).

84 Tant que les mariés ne choisissent pas une résidence habituelle commune, leur régime matrimonial est soumis à leur loi nationale commune (art. 26 par. 1 lit. b du règlement 2016/1103). Cette règle ne s'applique pas si les époux ont deux ou plusieurs nationalités en commun (art. 26 par. 2 du règlement 2016/1103). La question de savoir comment considérer une personne possédant plusieurs nationalités relève du droit national (considérant 50 du règlement 2016/1103). Or, le droit international privé allemand prévoit que parmi plusieurs nationalités d'une même personne, seule l'une d'elles soit prise en compte, à savoir la loi allemande ou, à défaut, la loi de la « nationalité effective » (art. 5 al. 1

---

[69] V. n° 96 et s.

EGBGB)[70]. Les juridictions allemandes seront sûrement amenées à trancher la question de savoir si cette règle permettra d'éviter le jeu de l'art. 26 par. 2 et d'appliquer l'art. 26 par. 1 lit. b du règlement 2016/1103 pour soumettre le régime matrimonial d'un couple plurinational à une loi nationale commune aux deux époux.

85 S'il n'est pas possible de déterminer la loi applicable au régime matrimonial selon ces deux critères, celui de la résidence habituelle commune et celui de la nationalité commune, il convient d'identifier l'État avec lequel les époux ont eu les liens les plus étroits au moment de la célébration du mariage (art. 26 par. 1 lit. c du règlement 2016/1103).

b) Le choix de la loi applicable au régime matrimonial

86 Les époux peuvent soumettre leur régime matrimonial soit à la loi de l'État dans lequel au moins l'un d'eux a sa résidence habituelle, soit à l'une de leurs lois nationales (art. 22 du règlement 2016/1103). Cette dernière faculté pourra soulever un problème d'interprétation dans l'hypothèse où au moins un des époux a deux ou plusieurs nationalités, et notamment si les époux ont deux ou plusieurs nationalités communes. Nous avons vu que la question de savoir comment considérer une personne possédant plusieurs nationalités relève du droit national (considérant 50 du règlement 2016/1103). Ainsi, la règle du droit international privé allemand selon laquelle seule la nationalité allemande ou, à défaut, la « nationalité effective » est prise en compte (art. 5 al. 1 EGBGB)[71] a vocation à jouer pour limiter le choix des époux. En application de cette règle, les époux ne peuvent donc pas choisir librement une des lois nationales d'un des États dont l'un d'eux a deux ou plusieurs nationalités. Ils ne peuvent choisir que la loi nationale allemande ou, à défaut, la loi étrangère qui correspond à la nationalité « effective » du conjoint bi- ou plurinational. Or, cette règle connaît une exception en matière de mariage, car les époux peuvent choisir une loi nationale commune pour régir les effets de leur mariage même si cette loi

[70] V. n° 59.
[71] V. n° 59.

n'est pas la loi allemande ou, à défaut, celle de la nationalité « effective » des époux (art. 14 al. 2 EGBGB)[72]. Cette disposition ne fait pas partie des règles générales relatives au statut des personnes. De surcroît, elle ne s'applique aux régimes matrimoniaux que par le rattachement de ces derniers à la loi régissant les effets généraux du mariage[73]. La question dogmatique qui pourra se poser est celle de savoir si des époux souhaitant exercer leur faculté de soumettre leur régime matrimonial à une de leurs lois nationales, comme le leur permet l'article 22 du règlement 2016/1103, pourront se fonder, par analogie, sur l'article 14 al. 2 EGBGB pour choisir, parmi les lois correspondant à leurs nationalités communes, une loi nationale qui est en principe évincée par le jeu de l'article 5 al. 1 EGBGB.

87 Le choix d'une loi distincte pour les biens situés dans un autre État que celui dont la loi régit le régime matrimonial des époux en général n'est plus admissible (art. 21 du règlement 2016/1103).

88 Pour la validité formelle des choix de loi applicable exprimés après le 29 janvier 2019, le règlement 2016/1103 exige la forme écrite, en y assimilant les transmissions par voie électronique, mais une telle convention devra également satisfaire les exigences de forme imposées aux conventions matrimoniales par la loi de l'État membre dans lequel les époux ont leur résidence habituelle, ou, à défaut de résidence commune, d'un ou de l'État membre dans lequel un des époux à sa résidence habituelle (art. 23 du règlement 2016/1103). La loi allemande prévoit la forme authentique (v. § 1410 BGB pour les contrats de mariage, et, pour les choix de loi, art. 14 al. 4 et art. 15 al. 3 EGBGB).

89 La validité formelle de la convention matrimoniale elle-même est soumise aux mêmes règles de forme, mais les époux devront se conformer également aux exigences de forme de la loi à laquelle ils ont soumis leur régime matrimonial (art. 25 al. 3 du règlement 2016/1103).

---

72 V. n° 65.
73 V. n° 64 et s.

2. Le rattachement des effets patrimoniaux des partenariats enregistrés sous le régime du règlement 2016/1104

90 Le règlement 2016/1104 s'applique aux effets patrimoniaux des partenariats enregistrés (art. 1 par. 1 du règlement 2016/1104). Par « effets patrimoniaux d'un partenariat enregistré », le règlement entend « l'ensemble des règles relatives aux rapports patrimoniaux des partenaires entre eux et à l'égard des tiers, qui résultent du lien juridique créé par l'enregistrement du partenariat ou par la dissolution de celui-ci » (art. 3 par. 1 lit. b du règlement 2016/1104). Contrairement au règlement 2016/1103, qui s'abstient de définir la notion de « mariage[74] », le règlement 2016/1104 définit le « partenariat enregistré » comme « le régime régissant la vie commune de deux personnes prévu par la loi, dont l'enregistrement est obligatoire en vertu de ladite loi et qui répond aux exigences juridiques prévues par ladite loi pour sa création » (art. 1 par. 1 lit. a du règlement 2016/1104), la définition du contenu spécifique de cette notion relevant du droit national des États membres (considérant 17 du règlement 2016/1104). La jurisprudence future montrera la sagesse de cet abandon quasi-total de la définition de l'objet d'un règlement européen aux législations nationales. En attendant, étudions les règles du rattachement objectif (a) et subjectif (b) édictées par le règlement 2016/1104.

a) Le rattachement des effets patrimoniaux du partenariat enregistré à défaut de choix de loi applicable

91 Si le législateur européen a retenu, pour le rattachement des régimes matrimoniaux, les critères traditionnels de la loi nationale et de la résidence habituelle, tout en renversant leur ordre de prévalence[75], il privilégie la prudence en ce qui concerne les partenariats enregistrés, cette forme d'union civile n'étant pas universellement reconnue comme l'est le mariage. Ainsi, à défaut d'avoir effectué un choix de loi, les effets

---

[74] V. n° 82.
[75] V. n° 83.

patrimoniaux du partenariat enregistré sont soumis, en principe, à la loi de l'État selon la loi duquel le partenariat enregistré a été créé (art. 26 par. 1 du règlement 2016/1104).

92 Cette règle rigide est pourtant assouplie par une exception. À la demande d'un des partenaires, les effets patrimoniaux d'un partenariat enregistré peuvent exceptionnellement être soumis à la loi de l'État dans lequel les partenaires avaient leur dernière résidence habituelle commune si le couple s'est fondé sur cette loi pour organiser ou planifier ses rapports patrimoniaux (art. 26 al. 2 du règlement 2016/1104).

b) Le choix de la loi applicable aux effets patrimoniaux du partenariat enregistré

93 Pourvu que la loi désignée attache des effets patrimoniaux à l'institution du partenariat enregistré, les partenaires peuvent soumettre les effets patrimoniaux de leur partenariat enregistré soit à la loi selon laquelle le partenariat a été créé, soit à la loi de l'État dans lequel au moins l'un d'eux a sa résidence habituelle, soit à l'une de leurs lois nationales (art. 22 du règlement 2016/1104). Comme dans le cas des régimes matrimoniaux[76], la question de savoir comment considérer une personne possédant plusieurs nationalités relève du droit national (considérant 49 du règlement 2016/1104), de sorte que la jurisprudence sera probablement amenée à trancher la question de savoir si un couple plurinational pourra invoquer l'article 14 al. 2 EGBGB par analogie pour soumettre les effets patrimoniaux de leur partenariat à une loi en principe exclue par le jeu de l'article 5 al. 1 EGBGB.

94 En ce qui concerne la forme de la convention relative à la loi applicable aux effets patrimoniaux du partenariat, même si le règlement 2016/1104 se contente de la forme écrite, voire électronique, une telle convention doit également satisfaire les conditions de forme prévues pour les conventions partenariales par la loi de l'État membre dans lequel les partenaires ont leur résidence habituelle ou, à défaut de résidence

---

[76] V. n° 86.

commune, d'un ou de l'État membre dans lequel un des partenaires a sa résidence habituelle (art. 23 du règlement 2016/1104). Dans l'hypothèse où cette loi est la loi allemande, le choix de loi applicable doit être effectué dans la forme authentique (v. § 7 LPartG, lequel renvoie aux dispositions relatives aux contrats de mariage, dont le § 1410 BGB, lequel prévoit la forme authentique). Il convient de noter que les règles du droit international privé allemand ne contiennent pas de disposition spéciale relative à la forme dans laquelle doit être effectuée le choix de la loi applicable aux effets patrimoniaux d'un partenariat enregistré[77], pour la simple raison qu'un tel choix n'a pas été pas prévu par le législateur allemand[78].

95 La validité formelle de la convention partenariale elle-même est soumise aux mêmes règles de forme, mais les partenaires devront se conformer également aux exigences de forme de la loi à laquelle ils ont soumis les effets patrimoniaux de leur partenariat enregistré (art. 25 al. 3 du règlement 2016/1104).

3. Le rattachement des effets patrimoniaux du mariage entre personnes de même sexe sous le régime du droit européen

96 La question du rattachement des effets patrimoniaux du mariage entre personnes de même sexe à compter du 29 janvier 2019 est épineuse. Le règlement 2016/1103 s'applique aux régimes matrimoniaux (art. 1 par. 1). Par « régime matrimonial », le législateur européen entend les effets patrimoniaux du mariage (cf. art. 3 par. 1 lit. a), alors que le règlement 2016/1104 s'applique aux effets patrimoniaux des partenariats enregistrés (art. 1 par. 1 du règlement 2016/1104). La définition de la notion du mariage relève des lois nationales (considérant 17 du règlement 2016/1103). L'Allemagne reconnaît désormais le mariage comme la seule union civile officielle entre personnes de même sexe. Il n'est plus possible de former un partenariat enregistré depuis le

---

[77] Alors qu'une telle exigence de forme est prévue pour les régimes matrimoniaux, v. n° 88.
[78] V. n° 70.

1er octobre 2017. Il paraît évident que le mariage entre personnes de même sexe, du point de vue d'un juriste allemand, doit être considéré comme un mariage dont les effets patrimoniaux sont soumis au règlement 2016/1103.

97 Or, il est légitime de se demander si les règles du règlement 2016/1104 ne sont pas mieux adaptées pour régir le rattachement des effets patrimoniaux du mariage entre personnes de même sexe, notamment en vue d'éviter les effets incongrus que le législateur allemand avait souhaité éviter en soumettant le rattachement des effets patrimoniaux des mariages entre personnes de même sexe au même régime que les partenariats enregistrés (art. 17b al. 4 EGBGB)[79]. Le règlement 2016/1103 ne régit ni l'existence, ni la validité, ni la reconnaissance d'un mariage ; ces questions continuent d'être régies par les droits nationaux des États membres, y compris par leurs règles de droit international privé (considérant 21 du règlement 2016/1103). La loi applicable à un régime matrimonial en vertu du règlement 2016/1103 est soit celle d'un État dans lequel au moins un des époux réside ou a résidé, soit celle d'un État dont au moins l'un des époux à la nationalité, soit une autre loi présentant des liens étroits avec le mariage[80]. Or, il est possible que la loi déterminée selon ces critères ne reconnaisse pas l'institution du mariage entre personnes de même sexe. En revanche, les effets patrimoniaux d'un partenariat enregistré sont en principe régis par la loi selon laquelle le partenariat a été créé[81]. Si cette solution pouvait être appliquée *mutatis mutandis* aux effets patrimoniaux d'un mariage entre personnes de même sexe, les époux auraient la sécurité que les règles de conflit conduisent à une loi qui reconnaît leur union.

98 D'un côté, le règlement définit le « partenariat enregistré » comme « le régime régissant la vie commune de deux personnes prévu par la loi, dont l'enregistrement est obligatoire en vertu de ladite loi et qui répond aux exigences juridiques prévues par ladite loi pour sa création » (art. 3

---

79 V. n° 73.
80 V. n° 83 et s.
81 V. n° 91 et s.

par. 1 lit. a du règlement 2016/1104). Cette définition n'exclut pas une application à une union civile entre personnes de même sexe qui porte la dénomination de mariage dans le droit national. Le mariage entre personnes de même sexe ne figure pas non plus parmi les matières exclues du champ d'application du règlement (art. 1 du règlement 2016/1104). D'un autre côté, la volonté du législateur européen de créer un règlement consacré aux unions civiles formalisées « autres que le mariage » résulte du considérant 16 du règlement 2016/1104. La question de savoir s'il convient d'appliquer le règlement 2016/1104 à un mariage entre personnes de même sexe devra sûrement être tranchée par les juridictions[82].

[82] DNotI-Report 2016, 109; pour l'application du règlement 2016/1103 au mariage entre personnes de même sexe: Looschelders, in: Münchener Kommentar zum Bürgerlichen Gesetzbuch, Bd. 11, Internationales Privatrecht I, 7e éd., Beck, Munich 2018, EuGüVO (VO (EU) 2016/1103: EU-GüterrechtsVO), n° 24 ; pour une application du règlement 2016/1103 au partenariat enregistré (!) de droit allemand, mais pour une application du règlement 2016/1104 au pacte civil de solidarité de droit français : Döbereiner, Der Kommissionsvorschlag für das internationale Ehegüterrecht, MittBayNot 2011, 463 (464).

IV. — DROIT INTERNATIONAL PRIVE DES TRANSFERTS DE PATRIMOINE A TITRE ONEREUX

99 Sollicité par un particulier souhaitant réorganiser son patrimoine à dimension transfrontalière moyennant des transferts de patrimoine à titre onéreux, un notaire sera régulièrement confronté à des questions relatives aux ventes immobilières (I) et aux sûretés réelles immobilières (II).

A. La vente immobilière

100 Bien que la France et l'Allemagne adhèrent à la Convention des Nations Unies sur les contrats de vente internationale de marchandises (CVIM), celle-ci ne régit pas les ventes immobilières internationales conclues entre des parties ayant leur établissement en France et en Allemagne. Même si les immeubles ne font pas partie de la liste des biens qui sont exclus du champ d'application de la convention (art. 2 CVIM), il est unanimement admis que les immeubles ainsi que les démembrements de la propriété immobilière ne constituent pas des « marchandises » au sens de l'article premier de la convention.[83]

101 Ainsi, il convient de déterminer la loi applicable à la vente immobilière selon les règles de conflits de lois en vigueur en Allemagne. En vertu du principe de séparation, une particularité du droit allemand, le transfert de propriété requiert un acte dispositif indépendant de l'acte de vente. Ainsi, la vente immobilière se compose de deux phases, la conclusion (1) et l'exécution (2). Pour déterminer la loi applicable, chacune de ces phases doit faire l'objet d'une analyse distincte.

---

[83] V. Schlechtriem/Witz, Convention de Vienne sur les contrats de vente internationale de marchandises, Dalloz 2008, n° 47.

1. La conclusion du contrat de vente immobilière

102 En ce qui concerne l'application des règles de rattachement dans le temps, le règlement (CE) n° 593/2008 du Parlement européen et du Conseil du 17 juin 2008 sur la loi applicable aux obligations contractuelles (Rome I) est applicable aux contrats de vente immobilière conclus à compter du 17 décembre 2009 (art. 28)[84] (b). Les contrats de vente immobilière conclus avant le 17 décembre 2009 sont régis par les articles 11, 12, 27 à 37 EGBGB, transposition anticipée[85] des dispositions de la Convention de Rome de 1980 sur la loi applicable aux obligations contractuelles (a).

a) Les ventes conclues avant le 17 décembre 2009

103 Le EGBGB consacre les articles 3 à 47 au droit international privé. Les articles 27 à 37 EGBGB, contenant des dispositions spécifiques aux obligations contractuelles, ont été abrogés à compter du 17 décembre 2009. Néanmoins, ces dispositions continuent à régir les contrats conclus avant la date de leur abrogation. Ces contrats peuvent être assortis d'un choix de la loi applicable (bb) ou non (aa).

aa) Les règles de rattachement à défaut de choix de loi applicable

104 Selon l'article 28 EGBGB, qui correspond à l'article 4 de la Convention de Rome de 1980, un contrat est régi par la loi du pays avec lequel il présente les liens les plus étroits (al. 1). En principe, le contrat est présumé présenter les liens les plus étroits avec le pays de la résidence habituelle de la partie qui doit fournir la prestation caractéristique (al. 2).

105 Cette règle de principe connaît une exception lorsque le contrat a pour objet un droit réel immobilier. Dans ce cas, c'est la *lex rei sitae* qui va

---

84 À noter que le règlement Rome I a fait l'objet d'un rectificatif interprétatif concernant l'article 28 relatif à l'application dans le temps : « après le 17 décembre 2009 » a été remplacé par « à compter du 17 décembre 2009 » (v. JO L 309 du 24/11/2009, p. 87).

85 V. Geiben, in: jurisPK-BGB, t. 6, 6e éd., Sarrebruck 2012, Art. 27 EGBGB, n° 2.

gouverner le contrat (al. 3). Tandis qu'un juriste français n'hésitera pas à soumettre la vente immobilière à la *lex rei sitae*, ceci est moins évident pour un juriste allemand pour qui la vente immobilière, en vertu du principe de séparation, se décline en trois contrats distincts : le contrat de vente sera accompagné de deux actes de disposition, l'un opérant le transfert de propriété de l'immeuble et l'autre, le paiement[86]. Ainsi, le contrat de vente crée l'obligation de transférer le bien, mais il n'opère pas le transfert de propriété. Toutefois, malgré le principe de séparation, la vente immobilière est considérée comme un contrat ayant pour objet un droit réel immobilier au sens du droit international privé[87] ; elle est donc régie par la loi de l'État dans lequel se trouve l'immeuble. Cette loi est également applicable à la question de savoir si l'on est en présence d'un bien meuble ou immeuble[88].

bb) Le choix de la loi applicable à la vente immobilière

106 L'article 27 EGBGB, qui correspond à l'article 3 de la Convention de Rome de 1980, consacre le principe d'autonomie en matière de choix de loi applicable et précise les modalités selon lesquelles les parties peuvent choisir la loi applicable au contrat. Cette possibilité est toutefois restreinte aux contrats créateurs d'obligations, à l'exclusion des contrats réels[89].

107 Il ressort de l'article 27 al. 4 EGBGB que le choix de loi applicable est un contrat indépendant qui est soumis aux règles des articles 11[90],

---

86 V. Witz, Le droit allemand, 3e éd., Dalloz 2018, p. 113 et s.

87 Geiben, in: jurisPK-BGB, t. 6, 6e éd., Sarrebruck 2012, Art. 28 EGBGB, n° 16.

88 Teubel, in : jurisPK-BGB, t. 6, 8e éd., Sarrebruck 2017, Art. 43 EGBGB, n° 9.

89 Geiben, in: jurisPK-BGB, t. 6, 6e éd., Sarrebruck 2012, Art. 27 EGBGB, n° 4.

90 L'article 11 EGBGB, dans sa version en vigueur jusqu'au 16 décembre 2009, correspond à l'article 9 de la Convention de Rome de 1980, mais il ne comporte que cinq alinéas. La règle du 5e paragraphe de l'article 9 de la Convention, selon laquelle la forme des contrats conclus par les consommateurs est soumise à la loi du pays de la résidence habituelle du

12[91], 29 al. 3[92] et 31[93] EGBGB[94]. Selon l'article 11 al. 1 EGBGB, un contrat est valable quant à la forme s'il satisfait aux conditions de forme prévues par la *lex contractus* ou par la *lex loci actus*. Le droit allemand ne contient pas de conditions de forme relatives au choix de loi[95]. En conséquence, les parties peuvent déterminer la loi applicable au contrat de vente par un accord informel ou implicite.

108 La liberté des parties de choisir la loi applicable à leur contrat ne les autorise pas, pour autant, à séparer les questions de fond des questions de forme par leur choix. Ceci ressort de l'article 11 al. 1 EGBGB qui dispose que le contrat doit remplir les conditions de forme soit de la *lex contractus* soit de la *lex loci actus*. Il en résulte que si les parties souhaitent s'affranchir d'une exigence de forme incommode elles doivent le faire indirectement, en choisissant la loi applicable au contrat ou le lieu où elles contractent en fonction des exigences de forme imposées.

109 L'article 11 al. 4 EGBGB, dans sa version applicable jusqu'au 16 décembre 2009, et qui correspond à l'article 9 par. 6 de la Convention de

---

consommateur figure au troisième alinéa de l'article 29 EGBGB. Le dernier paragraphe de l'article 9 de la Convention était transposé dans le quatrième alinéa de l'ancien article 11 EGBGB, dont le champ d'application était limité aux contrats créateurs d'obligations relatives à des biens immobiliers, alors que le cinquième alinéa traitait des actes dispositifs relatifs aux droits réels.

[91] L'article 12 EGBGB correspond à l'article 11 de la Convention de Rome de 1980, mais il s'applique à toutes les matières du droit international privé, donc non seulement les obligations contractuelles. Ainsi, il comporte une phrase complémentaire qui exclut son jeu pour les actes relevant du droit de la famille et des successions ainsi que pour les actes de disposition portant sur des immeubles.

[92] L'article 29 EGBGB, relatif aux contrats conclus par les consommateurs, contient des dispositions similaires à l'article 5 de la Convention de Rome de 1980.

[93] L'article 31 EGBGB correspond à l'article 8 de la Convention de Rome de 1980.

[94] Geiben, in: jurisPK-BGB, t. 6, 6e éd., Sarrebruck 2012, Art. 27 EGBGB, n° 8.

[95] Geiben, in: jurisPK-BGB, t. 6, 6e éd., Sarrebruck 2012, Art. 27 EGBGB, n° 10.

Rome de 1980, soumet les contrats ayant pour objet des obligations relatives à un immeuble aux règles de forme impératives de la *lex rei sitae* si elles s'appliquent indépendamment du lieu de conclusion du contrat et de la loi le régissant au fond. En droit allemand, le contrat de vente immobilière, comme tout contrat par lequel une partie s'engage à transférer la propriété d'un immeuble, est soumis à une condition de forme, à savoir l'acte notarié (§ 311b al. 1 phr. 1 BGB)[96]. La doctrine ne considère pas cette règle comme une règle impérative dans les rapports internationaux, de sorte qu'elle n'est pas visée par l'article 11 al. 4 EGBGB[97].

b) Les ventes conclues à compter du 17 décembre 2009

110 Le rattachement des contrats de vente portant sur des immeubles est régi par le règlement Rome I, dès lors qu'ils ne figurent pas sur la liste des matières exclues (art. 1 par. 2). Avant d'analyser l'autonomie des parties de choisir la loi applicable au contrat de vente immobilière (bb), il convient d'exposer les critères du rattachement objectif de la vente immobilière, applicables à défaut de choix de la loi applicable (aa).

aa) Les règles de rattachement à défaut de choix de loi applicable

111 Les critères de rattachement à défaut d'un choix de la loi applicable ressortent de l'article 4 Rome I qui érige en règle de principe le rattachement à la résidence habituelle du débiteur de la prestation caractéristique (art. 4 par. 2). Or, au premier paragraphe du même article, qui détaille des critères de rattachement spécifiques pour certains contrats spéciaux, figurent deux hypothèses qui ont potentiellement vocation à s'appliquer à la vente immobilière. La première est celle de l'article 4 par. 1 pt. a: « le contrat de vente de biens est régi par la loi du pays dans lequel le vendeur a sa résidence habituelle », la seconde est celle de l'article 4 par. 1 pt. c: « le contrat ayant pour objet un droit réel

---

[96] La seconde phrase du § 311b al. 1 BGB apporte une modération importante à la condition de forme : un contrat qui serait entaché d'une nullité pour défaut de forme devient néanmoins valable s'il est dûment exécuté.

[97] Süß, in : jurisPK-BGB, t. 6, 4e éd., Sarrebruck 2009, Art. 11 EGBGB, n° 46.

immobilier ou un bail d'immeuble est régi par la loi du pays dans lequel est situé l'immeuble ».

112 Aux yeux d'un juriste allemand, l'article 4 par. 1 pt. a Rome I est clairement inapplicable à la vente immobilière puisque ce texte, dans sa version allemande, n'évoque que des ventes portant sur des biens meubles (*Kaufverträge über bewegliche Sachen*). Cette restriction aux biens meubles ne ressort pas de la version française (*contrat de vente de biens*) qui a *prima facie* vocation à s'appliquer à la vente de tout bien, soit-il meuble ou immeuble. Une comparaison avec d'autres versions linguistiques montre que le législateur européen souhaitait restreindre le champ d'application de l'article 4 par. 1 pt. a Rome I à la vente de biens meubles, voire de marchandises (anglais : *sale of goods*, espagnol : *compraventa de mercaderías*, néerlandais : *verkoop van roerende zaken*, suedois : *köp av varor*). La formule plus large de la version française[98] s'explique peut-être par l'histoire législative du texte. La proposition de règlement prévoyait l'application de la loi de la résidence habituelle du vendeur à tout type de vente, sans distinction entre vente de biens meubles et vente immobilière. Or, l'application simultanée de l'article 4 par. 1 pt. c Rome I, qui retient la *lex rei sitae* pour régir les contrats portant sur des droits réels immobiliers, aurait pu conduire à une concurrence entre deux règles de rattachement dans l'hypothèse où le vendeur d'un bien immobilier ne réside pas dans l'État où se trouve l'immeuble. Le cantonnement de la résidence du vendeur, en tant que critère de rattachement, à la vente de biens meubles peut s'expliquer par le souci d'éviter des solutions contradictoires[99]. L'usage du terme « *vente de biens* » dans la version française se présente à cette lumière comme une traduction imparfaite du terme anglais « *sale of goods*[100] ».

---

98 V. aussi la version italienne : *vendita di beni*.

99 V. sur ce point : Wagner, Der Grundsatz der Rechtswahl und das mangels Rechtswahl anwendbare Recht, IPRax 2008, p. 377 (382 et s.).

100 À supposer que le règlement définitif ait été élaboré d'abord en langue anglaise, contrairement à la proposition de règlement de la Commission, dont le texte original était rédigé en langue française, v. Wagner, Der Grundsatz der

113 Il est ainsi admis que le contrat de vente immobilière est rattaché selon le critère exposé à l'article 4 par. 1 pt. c Rome I, à savoir la situation de l'immeuble[101] : la *lex rei sitae* régit le contrat de vente immobilière à défaut de choix de loi applicable. Cette règle assure un parallélisme entre la loi applicable au contrat en vertu duquel une partie s'engage à transférer un droit réel immobilier et la loi applicable à l'acte réel opérant le transfert (v. art. 43 EGBGB)[102].

bb) Le choix de la loi applicable à la vente immobilière

114 En principe, les parties sont libres de choisir une autre loi que la *lex rei sitae* (art. 3 Rome I). Or, un tel choix ne permet pas de déroger librement à toutes les règles de la loi qui est applicable en vertu des règles du rattachement objectif. Ainsi, les règles de l'article 3 par. 3 et 4 et de l'article 9 Rome I privent d'intérêt les *professiones iuris* opérées dans l'unique but de contourner des règles impératives de la loi applicable à défaut. Le choix d'une loi applicable ne permet pas non plus de déroger à des conditions de forme régissant la vente immobilière du pays dans lequel est situé l'immeuble si ces conditions ne sont pas à la disposition des parties et s'appliquent indépendamment du lieu de conclusion du contrat et de la loi le régissant au fond (art. 11 par. 5 Rome I).

Rechtswahl und das mangels Rechtswahl anwendbare Recht, IPRax 2008, p. 377.

[101] Thorn, in : Palandt, BGB, 77e éd., Munich 2018, Rom I 4, n° 16.

[102] Sur le transfert de propriété du bien immobilier vendu, v. n° 117. Il existe des hypothèses dans lesquelles l'application des règles du premier paragraphe de l'article 4 Rome I conduirait à une dissociation entre la *lex contractus* et la *lex rei*, à savoir lorsque l'objet de la vente n'est pas un droit réel immobilier mais une créance ayant comme accessoire une sûreté réelle immobilière. Du point de vue économique, la sûreté réelle immobilière constitue le véritable objet de la transaction. Cette prépondérance économique de la sûreté réelle immobilière justifierait la mise en œuvre du jeu du troisième paragraphe de l'article 4 Rome I, afin de rattacher la créance non pas à la résidence habituelle du cédant, mais à la situation géographique de l'immeuble servant comme sûreté (v. Teubel, in : jurisPK-BGB, t. 6, 8e éd., Sarrebruck 2017, Art. 43 EGBGB, n° 6). Cf., sur le rattachement du contrat de sûreté, n° 143.

115 Toutefois, la jurisprudence ne considère pas la forme notariée (§ 311b al. 1 phr. 1 BGB) comme une règle impérative dans les rapports internationaux au sens de l'article 11 par. 5 Rome I[103]. Un notaire français peut donc recevoir un contrat de vente immobilière ayant pour objet un immeuble situé en Allemagne (v. art. 11 par. 1 Rome I) ; les parties peuvent même soumettre la vente à la loi française. Mais l'intérêt de cette possibilité est limité en raison du principe de séparation du droit allemand selon lequel le contrat de vente n'opère pas le transfert de propriété. La question de savoir si le transfert de propriété d'un bien vendu s'effectue *solo consensu* ou s'il requiert un acte translatif séparé est soumise à la *lex rei sitae*, et non pas à la *lex contractus*[104]. Ainsi, il ne suffit pas de choisir la loi française pour que le transfert de propriété s'opère *solo consensu*. L'accomplissement de ce dernier nécessite l'intervention d'un notaire allemand[105].

2. L'exécution du contrat de vente immobilière

116 L'article 32 EGBGB ainsi que l'article 12 Rome I définissent le domaine d'application de la loi désignée, dont l'exécution des obligations engendrées par le contrat (art. 32 al. 1 n° 2 EGBGB, art. 12 par. 1 pt. b Rome I). Lorsque l'exécution du contrat exige l'accomplissement d'un acte juridique, la loi applicable à celui-ci est déterminée de manière autonome[106]. Un contrat de vente immobilière génère deux obligations principales : celle du vendeur de transférer la propriété de l'immeuble à l'acheteur (a) et celle de l'acheteur de payer le prix convenu (b).

---

103 Ringe, in : jurisPK-BGB, t. 6, 8e éd., Sarrebruck 2017, Art. 11 Rom I-VO, n° 44.

104 Geiben, in : jurisPK-BGB, t. 6, 8e éd., Sarrebruck 2017, Art. 12 Rom I-VO, n° 12 ; Teubel, in : jurisPK-BGB, t. 6, 8e éd., Sarrebruck 2017, Art. 43 EGBGB, n° 12 et 40.

105 V. n° 120.

106 Thorn, in : Palandt, BGB, 77e éd., Munich 2018, Rom I 12, n° 5.

a) Le transfert de la propriété du bien immobilier vendu

117 L'obligation principale du vendeur d'un immeuble consiste à transférer la propriété de l'immeuble à l'acheteur. La propriété immobilière est un droit réel[107]. Les droits réels sont soumis à la *lex rei sitae* (art. 43 al. 1 EGBGB), qui régit notamment les modalités du transfert d'un droit réel[108]. Les parties ne peuvent pas choisir une loi différente[109].

118 L'applicabilité d'une autre loi que la *lex rei sitae* pourrait tout au plus résulter du jeu de l'article 46 EGBGB qui permet l'application d'une autre loi qui présente des liens manifestement plus étroits. Mais l'hypothèse dans laquelle il existe des liens plus étroits avec une autre loi que celle du pays dans lequel l'immeuble est situé devrait demeurer théorique[110]. L'interdiction de choisir une autre loi que la *lex rei sitae* ne saurait évidemment pas être contournée par le jeu de l'article 46 EGBGB. Le choix effectué par les parties de soumettre le contrat de vente ou le transfert de propriété à une autre loi que la *lex rei sitae* ne constitue pas à lui seul un indice suffisant pour que le transfert de propriété présente des liens plus étroits avec la loi choisie[111].

119 La question de savoir comment s'opère le transfert de propriété relève de la *lex rei sitae*[112]. Si selon la *lex rei sitae* le transfert de propriété a lieu dès la conclusion du contrat de vente, il suffit que la vente soit valablement conclue selon la *lex contractus* pour que le transfert de

---

[107] Teubel, in : jurisPK-BGB, t. 6, 8e éd., Sarrebruck 2017, Art. 43 EGBGB, n° 10.
[108] Geiben, in : jurisPK-BGB, t. 6, 6e éd., Sarrebruck 2012, Art. 32 EGBGB, n° 13 ; Thorn, in : Palandt, BGB, 77e éd., Munich 2018, Rom I 12, n° 5 ; *ibid.*, EGBGB 43, n° 3.
[109] Teubel, in : jurisPK-BGB, t. 6, 8e éd., Sarrebruck 2017, Art. 43 EGBGB, n° 38.
[110] Teubel, in : jurisPK-BGB, t. 6, 8e éd., Sarrebruck 2017, Art. 46 EGBGB, n° 2.
[111] Teubel, in : jurisPK-BGB, t. 6, 8e éd., Sarrebruck 2017, Art. 46 EGBGB, n° 6.
[112] V. n° 115.

propriété s'opère. Si en revanche la *lex rei sitae* exige un acte translatif séparé, l'acte de vente n'entraîne le transfert de propriété que s'il satisfait non seulement aux conditions de la *lex contractus* pour un contrat valable mais également aux conditions exigées par la *lex rei sitae* pour le transfert de propriété. À défaut, il faudra, en plus de l'acte de vente, accomplir les démarches prévues par la *lex rei sitae* pour que le transfert de propriété puisse avoir lieu.

120 En droit allemand, le transfert de propriété d'un bien immobilier requiert un acte subjectif et un acte objectif, à savoir un accord entre les parties sur le transfert de la propriété (cet accord est désigné par le terme spécifique *Auflassung*[113], § 925 BGB) et l'immatriculation (*Eintragung*) du nouveau propriétaire au livre foncier (§ 873 BGB). Un immeuble situé en Allemagne est régi, dans ces aspects réels, par la *lex rei sitae*, la loi allemande[114]. Ainsi, les actes par lesquels s'effectue son transfert sont soumis au formalisme de droit allemand. L'*Auflassung* doit être déclarée par les deux parties simultanément présentes devant un notaire allemand en Allemagne[115]; elle ne peut être valablement déclarée ni devant un notaire étranger[116], ni devant un notaire allemand à l'étranger[117]. L'on comprend alors l'intérêt limité pour les parties de conclure un contrat portant sur un immeuble situé en Allemagne devant un notaire

---

113 Littéralement, *Auflassung* signifie « laisser-ouvert » (Benning, in : jurisPK-BGB, t. 3, 8e éd., Sarrebruck 2017, § 925 BGB, n° 2).

114 V. Süß, in : jurisPK-BGB, t. 6, 8e éd., Sarrebruck 2017, Art. 11 EGBGB, n° 19 ; pour la version de l'article 11 EGBGB en vigueur jusqu'au 16 décembre 2009, v. *Id.*, 4e éd., Sarrebruck 2009, Art. 11 EGBGB, n° 19.

115 KG, 27 mai 1986 - 1 W 2627/85, DNotZ 1987, p. 44 ; Benning, in : jurisPK-BGB, t. 3, 8e éd., Sarrebruck 2017, § 925 BGB, n° 13 et 22 ; en Bade-Wurttemberg, jusqu'au 31 décembre 2017, la *Auflassung* pouvait être également déclarée devant le *Ratschreiber*, un fonctionnaire communal qui était en charge du livre foncier, v. *ibid.* n° 27, et qui, depuis le 1er janvier 2018, est responsable du bureau de consultation du livre foncier (*Grundbucheinsichtsstelle*), v. § 35a al. 2 de la loi régionale relative à la juridiction en matière gracieuse, *Landesgesetz über die freiwillige Gerichtsbarkeit – LFGG*.

116 Benning, in : jurisPK-BGB, t. 3, 8e éd., Sarrebruck 2017, § 925 BGB, n° 25.

117 Benning, in : jurisPK-BGB, t. 3, 8e éd., Sarrebruck 2017, § 925 BGB, n° 24.

français[118]. Lorsque des personnes résidant en France et souhaitant transférer la propriété d'un immeuble situé en Allemagne ne sont pas en mesure de s'y rendre pour déclarer l'*Auflassung* devant un notaire allemand, elles disposent de deux possibilités. Soit elles déclarent l'*Auflassung* devant un fonctionnaire consulaire de la République fédérale d'Allemagne habilité à recevoir des déclarations d'*Auflassung* (v. § 12 n° 1, § 19 al. 2 n° 2, § 24 KonsG), soit elles chargent un tiers de les représenter[119] devant un notaire allemand[120]. Dans la pratique, un clerc du notaire peut représenter les parties lors de la déclaration de l'*Auflassung*[121].

121 La *lex rei sitae* régit non seulement le transfert de propriété, mais également la prénotation (*Vormerkung*, § 883 BGB), une sûreté *sui generis* dont l'existence est nécessaire en raison du jeu combiné des principes de séparation et de la relativité des obligations, même celles ayant pour objet un bien réel. La prénotation est une sûreté qui peut être inscrite au livre foncier afin de « réserver » un droit réel et d'éviter qu'il ne soit transféré, éteint ou modifié au détriment du bénéficiaire de la prénotation. Toute modification du livre foncier postérieure à la prénotation est inefficace dans la mesure où elle porterait atteinte à la modification protégée par la prénotation. Grâce à la prénotation, l'acheteur peut payer le prix de vente en étant sûr que la propriété immobilière lui est réservée, même si le transfert n'a pas encore été inscrit au livre foncier. La prénotation n'est pas un droit réel, mais un accessoire de la créance qu'elle garantit, par exemple l'obligation du vendeur de faire transférer la propriété de l'immeuble à l'acheteur[122]. Toutefois, la loi applicable à la créance garantie

[118] V. n° 115.
[119] Pour le rattachement de la représentation, v. n° 30.
[120] Süß, in : jurisPK-BGB, t. 6, 8e éd., Sarrebruck 2017, Art. 11 EGBGB, n° 56.
[121] Benning, in : jurisPK-BGB, t. 3, 8e éd., Sarrebruck 2017, § 925 BGB, n° 21.
[122] Bassenge, in : Palandt, BGB, 77e éd., Munich 2018, § 883, n° 2.

est sans incidence sur la loi applicable à la prénotation, qui est régie par la loi du pays dans lequel se trouve l'immeuble[123].

122 Enfin, l'accomplissement des formalités auprès du livre foncier est soumis à la loi allemande, appelée en tant que *lex fori* à régir la procédure de l'immatriculation[124].

b) Le paiement du prix de vente

123 La question de savoir sous quelles conditions l'acheteur peut s'acquitter de son obligation de payer le prix de vente est régie par la loi applicable au contrat de vente[125]. La détermination de la loi applicable aux actes juridiques nécessaires pour exécuter le paiement du prix de vente dépend des modalités choisies par les parties. Il convient d'envisager brièvement deux modes de paiement peu usuels dans le cadre des transactions immobilières, le paiement en espèces (aa) et par chèque (bb), avant d'étudier l'hypothèse la plus probable, le paiement par virement (cc).

aa) Le paiement en espèces

124 Dans l'hypothèse, peu probable, que les parties au contrat de vente immobilière conviennent d'un paiement en espèces[126], le paiement du prix se résume en un transfert de propriété de pièces de monnaie ou, plus probablement, de billets de banque. Ces moyens de paiement sont

---

123 Mansel, in: Staudinger, Kommentar zum Bürgerlichen Gesetzbuch mit Einführungsgesetz und Nebengesetzen, Internationales Sachenrecht, Berlin 2015, Art 43 EGBGB, n° 612.

124 V. Süß, in : jurisPK-BGB, t. 6, 8e éd., Sarrebruck 2017, Art. 11 EGBGB, n° 13.

125 V. n° 103 et s.

126 En Allemagne, le paiement en espèces n'est pas plafonné. Les marchands de biens sont tenus de vérifier l'identité du payeur lorsqu'ils reçoivent une somme de 10 000 euros ou plus en espèces (§ 10 al. 6 de la loi sur le blanchiment d'argent (*Geldwäschegesetz (GwG)*). Cette obligation incombe au notaire lorsqu'il participe à une transaction immobilière, indépendamment du mode de paiement et de la somme en jeu (§ 2 al. 1 n° 10 lit. a lit. aa GwG et § 10 al. 1 n° 1 GwG).

des biens meubles dont le régime est soumis à la *lex rei sitae* (art. 43 EGBGB)[127]. Le transfert des biens meubles situés en Allemagne s'effectue en principe selon les règles du § 929 BGB, qui exige une transmission (*Übergabe*) par le propriétaire (donc l'acheteur de l'immeuble) à l'acquéreur (le vendeur) et un accord (*Einigung*) sur le transfert de la propriété.

bb) Le paiement par chèque

125 Lorsque le paiement du prix s'effectue par la remise d'un chèque au vendeur, la loi applicable aux différents aspects de l'utilisation de chèques doit être déterminée selon les articles 60 à 66 de la loi relative aux chèques (*Scheckgesetz – ScheckG)*[128]. La capacité d'une personne de payer par chèque est déterminée par sa loi nationale (art. 60 ScheckG). La loi du pays dans lequel le chèque est payable détermine les personnes sur lesquelles un chèque peut être tiré (art. 61 ScheckG), et les modalités de son encaissement, des droits du titulaire sur la provision, sa révocabilité, les mesures à prendre en cas de perte etc. (art. 65 ScheckG). La forme des déclarations relatives au chèque doit correspondre aux exigences de la loi du pays dans lequel il a été signé ou dans lequel le paiement doit être effectué (art. 62 ScheckG). Les effets des déclarations sont soumis à la loi du pays sur le territoire duquel elles ont été souscrites (art. 63 ScheckG). Les délais pour les recours sont soumis à la loi du lieu de l'établissement du chèque (art. 64 ScheckG). Les actes nécessaires pour la mise en œuvre des droits ou la sauvegarde des droits liés au chèque, notamment le protêt, sont soumis à la loi du pays où l'acte doit être accompli (art. 66 ScheckG).

cc) Le paiement par virement

126 Dans l'hypothèse la plus probable, le prix de la vente immobilière est payé moyennant un virement (*Überweisung*). Dans la pratique notariale

---

[127] V. n° 117.
[128] La *Scheckgesetz* est essentiellement une transposition de la Convention portant loi uniforme sur les chèques (Société des Nations, Genève, 19 mars 1931).

allemande, deux modes de paiement sont couramment pratiqués: le paiement direct (*Direktzahlung*) (1) et le paiement par l'intermédiaire du notaire (*Zahlung über Notaranderkonto*) (2).

(1) Le paiement direct

127 Le paiement direct du prix par virement crée une relation tri- ou quadripartite (*Anweisungsverhältnis,* « rapport d'ordre »), car le payeur (l'acheteur) va ordonner à un prestataire de services de paiement, généralement l'établissement de crédit auprès duquel il a ouvert un compte courant, d'effectuer un paiement sur le compte du bénéficiaire (le vendeur). Dans les cas où le vendeur et l'acheteur n'ont pas leurs comptes respectifs auprès de la même banque, une quatrième personne sera impliquée dans l'opération de paiement, à savoir l'établissement de crédit du vendeur. Si le virement effectué (a) dans le cadre de cette relation de paiement tri- ou quadripartite s'avère sans cause, le payeur aura recours aux règles gouvernant l'enrichissement sans cause (b).

(a) Le virement

128 Le lien juridique qui détermine les conditions dans lesquelles l'acheteur doit payer le prix au vendeur, désigné par le terme *Valutaverhältnis*, est le contrat de vente[129].

129 Le lien juridique entre le payeur et le prestataire du service de virement – par exemple la banque auprès de laquelle l'acheteur a ouvert un compte courant – est appelé le *Deckungsverhältnis* (« rapport de couverture »). Quant au bénéficiaire, le lien avec sa banque est nommé *Inkassoverhältnis* (rapport d'encaissement). Dans l'espace unique de paiement en euros (SEPA), les modalités de l'exécution des virements transfrontaliers sont dans une large mesure définies par les règlements européens n° 924/2009[130] et n° 260/2012[131]. Les questions relatives aux

---

129 Pour la détermination de la loi applicable à la vente, v. n° 103 et s.

130 Règlement (UE) n° 924/2009 du Parlement européen et du Conseil du 16 septembre 2009 concernant les paiements transfrontaliers dans la Communauté et abrogeant le règlement (CE) no 2560/2001.

contrats de prestation de services de paiement non couvertes par ces instruments sont, en principe, régies par la loi du pays dans lequel se trouve la succursale ou l'administration centrale de la banque (art. 4 par. 1 pt. b et art. 19 Rome I ; art. 28 al. 2 EGBGB pour les virements exécutés avant le 17 décembre 2009). Or, en règle générale, les conditions générales des établissements de crédit contiennent une clause choisissant la loi du pays dans lequel est situé le siège de la banque[132].

130 Enfin, les prestataires de services de paiement impliqués dans l'opération seront généralement liés par un contrat inter-banques. À part les règlements n° 924/2009 et n° 260/2012, il existe un contrat multilatéral, le « *2017 Direct Debit (SDD) Core rulebook version 1.1* », version en vigueur depuis le 19 novembre 2017, élaboré par le *European Payments Council*. Ce contrat est régi par la loi belge (point 3.5 du *Rulebook*).

131 L'opération de vente immobilière présente la particularité selon laquelle les immeubles vendus sont souvent grevés d'une hypothèque ou d'une dette foncière (*Grundschuld*) au profit de l'établissement de crédit qui avait financé l'acquisition du bien par le vendeur. Les contrats de vente peuvent prévoir qu'une partie du prix de vente doive être versée, non pas au vendeur, mais à son créancier, l'établissement de crédit, pour que ce dernier accepte la radiation de la sûreté réelle constituée à son profit. Il n'existe pas de contrat entre l'acheteur et l'établissement de crédit du vendeur ; l'acheteur effectue ce paiement pour le compte du vendeur. En payant la banque du vendeur, l'acheteur exécute alors une obligation à l'égard du vendeur, soumise à la loi régissant le contrat de vente.

132 Lorsque des paiements exécutés doivent être restitués, cette obligation de restitution peut résulter soit du contrat en exécution duquel

---

131 Règlement (UE) n° 260/2012 du Parlement européen et du Conseil du 14 mars 2012 établissant des exigences techniques et commerciales pour les virements et les prélèvements en euros et modifiant le règlement (CE) n° 924/2009. Les délais de transposition fixés par ce règlement ont été aménagés par le règlement n° 248/2014.
132 V. Thorn, in : Palandt, BGB, 77e éd., Munich 2018, Rom I 4, n° 13.

le paiement avait été effectué, soit d'un enrichissement sans cause. Dans la première hypothèse, l'obligation de restitution est soumise à la loi applicable au contrat invoqué comme fondement de la créance de restitution. Par exemple, si l'acheteur réclame la restitution du prix de vente en invoquant une défaillance du vendeur à l'une de ses obligations contractuelles, les conditions et les modalités de cette créance de restitution doivent être vérifiées à l'aune de la loi applicable au contrat de vente. Si l'acheteur réclame à sa banque de créditer son compte en invoquant la mauvaise exécution d'un virement par la banque, c'est la loi applicable au compte qui régit la demande de restitution. Lorsque la demande de restitution n'a pas son fondement dans un contrat, les règles de l'enrichissement sans cause s'appliquent.

(b) L'enrichissement sans cause

133 Lorsqu'un paiement a été effectué en exécution d'un contrat présumé qui s'est avéré nul, la loi applicable aux conséquences de cette nullité est celle par laquelle le contrat aurait été régi s'il avait été valide (art. 12 par. 1 pt. e Rome I ou art. 32 al. 1 n° 5 EGBGB si le contrat, aurait-il été valide, avait été conclu avant le 17 décembre 2009).

134 Lorsque les obligations découlant d'un enrichissement sans cause n'ont pas pour origine la nullité d'un contrat, la loi applicable à l'enrichissement sans cause se détermine selon l'article 10 Rome II pour les virements effectués à compter du 11 janvier 2009 (v. art. 31 et s. Rome II)[133] et selon l'article 38 EGBGB pour les virements effectués avant le 11 janvier 2009. Les règles de rattachement de ces deux dispositions sont sensiblement différentes.

135 L'article 10 Rome II contient quatre règles, dont les trois premières sont subsidiaires les unes par rapport aux autres. En principe, les obligations découlant d'un enrichissement sans cause sont régies par la

---

133 Le « fait générateur » de l'enrichissement est le paiement indu (Engel, in : jurisPK-BGB, t. 6, 8e éd., Sarrebruck 2017, Art. 31 Rom II-VO, n° 4). Sur l'applicabilité dans le temps du règlement Rome II, v. Engel, in : jurisPK-BGB, t. 6, 8e éd., Sarrebruck 2017, Art. 31 Rom II-VO, n° 6 et s. ; Thorn, in : Palandt, BGB, 77e éd., Munich 2018, Rom II 32, n° 1.

loi applicable à la relation à laquelle se rattachent les obligations (art. 10 par. 1 Rome II). À défaut d'une telle relation, la loi applicable est celle de la résidence habituelle commune des parties, s'il y en a une (art. 10 par. 2 Rome II). À défaut d'une résidence habituelle commune, la loi applicable est celle du pays dans lequel l'enrichissement sans cause s'est produit (art. 10 par. 3 Rome II). La quatrième règle permet au juge de désigner une autre loi si l'obligation présente des liens plus étroits avec un pays autre que celui déterminé en application d'un des trois premiers paragraphes (art. 10 par. 4 Rome II).

136 L'article 38 EGBGB reflète la distinction du droit substantiel allemand : l'enrichissement par l'exécution d'une prestation (*Leistungskondiktion*) et l'enrichissement sans prestation (*Nichtleistungskondiktion*), notamment par ingérence (*Eingriffskondiktion*). Lorsque l'enrichissement sans cause résulte de l'exécution d'une prestation, l'enrichissement sans cause est régi par la loi applicable au rapport auquel la prestation peut être rattachée (art. 38 al. 1 EGBGB). Lorsque l'enrichissement résulte d'une ingérence, il est soumis à la loi du pays dans lequel cette ingérence a eu lieu (art. 38 al. 2 EGBGB). Dans les autres cas, la loi applicable est celle du pays dans lequel l'enrichissement s'est produit (art. 38 al. 3 EGBGB). L'article 41 EGBGB permet au juge d'appliquer une loi présentant un lien manifestement plus étroit que celle désignée par l'article 38 EGBGB. Ce lien peut notamment résulter d'une relation entre les parties qui peut être de nature juridique ou factuelle et qui doit être en rapport avec l'enrichissement sans cause (art. 41 al. 2 n° 1 EGBGB), ou d'une résidence habituelle des parties dans le même pays au moment de l'enrichissement (art. 41 al. 2 n° 2 EGBGB).

137 Les solutions peuvent différer en fonction de la norme de conflit de lois applicable *ratione temporis*. Lorsque l'enrichissement ne résulte pas d'une prestation, la règle de l'article 38 al. 1 EGBGB ne joue pas, alors que sous le régime de l'article 10 al. 1 Rome II, la nature de l'événement qui a produit l'enrichissement est indifférent. Il suffit que l'obligation découlant de l'enrichissement puisse être rattachée à la vente pour qu'il soit régi par la même loi (art. 10 al. 1 Rome II).

138 Afin d'éviter des incidents de paiement et lorsque le déroulement de la transaction est complexe, le recours au notaire ou à un fiduciaire en tant qu'intermédiaire du paiement peut s'avérer utile voire nécessaire.

(2) Le paiement par l'intermédiaire du notaire

139 Lorsque les parties demandent au notaire d'agir en tant qu'intermédiaire de paiement, il administre les sommes reçues sur un compte fiduciaire (*Anderkonto*).

140 L'activité d'un notaire allemand en sa qualité d'officier public ne relève pas du droit privé. Le rapport qui le lie aux parties lorsqu'il reçoit un acte n'est pas de nature privé, mais un rapport spécial de droit public. Lorsque les parties lui demandent d'agir en tant que dépositaire du prix de vente, son activité relève du service public. Ainsi, les normes du droit international privé ne s'appliquent pas à son activité de gestionnaire des sommes qui lui sont confiées. En raison de la nature publique de l'activité d'un notaire allemand, celle-ci est soumise au droit allemand[134].

B. Les sûretés réelles immobilières

141 Lorsque l'acquisition d'un immeuble a été financée par crédit, l'établissement de crédit exigera généralement que l'immeuble soit grevé d'une sûreté réelle à son profit. Les sûretés réelles immobilières du droit allemand sont l'hypothèque (*Hypothek*, § 1113 et s. BGB) et la dette foncière (*Grundschuld*, § 1191 et s. BGB) ; les deux sont inscrites au livre foncier (*Grundbuch*). Le régime de la dette foncière est calqué sur celui de

134 À supposer que l'activité notariale soit soumise aux règles de conflits de lois, la même solution découlerait de l'application de l'article 28 al. 2 EGBGB et des articles 4 (par. 1 pt. b) et 19 Rome I. La gestion du compte fiduciaire relèverait d'un contrat de prestation de services, plus spécialement d'un contrat de fiducie, non visé par l'exclusion de l'article 1 par. 2 pt. h Rome I (Ringe, in : jurisPK-BGB, t. 6, 8e éd., Sarrebruck 2017, Art. 1 Rom I-VO, n° 47). La loi applicable serait donc celle du pays dans lequel est situé l'établissement principal de la partie qui doit fournir la prestation caractéristique, donc du prestataire de service, c'est-à-dire, en l'espèce, du notaire (cf., Thorn, in : Palandt, BGB, 77e éd., Munich 2018, Rom I 4, n° 12).

l'hypothèque, mais contrairement à l'hypothèque, la dette foncière n'est pas accessoire à une créance (§ 1192 al. 1 BGB). L'obligation du constituant de la sûreté (*Sicherungsgeber*) de consentir à l'inscription de la sûreté au livre foncier résulte d'un contrat de sûreté (*Sicherungsvertrag, Sicherungsabrede, Zweckerklärung*). Ce contrat de sûreté sera souvent une clause insérée dans le contrat de crédit. En raison du principe de séparation régissant le droit allemand, la sûreté n'est pas constituée par ce contrat de sûreté. La création de tout droit réel immobilier exige que les parties soient d'accord sur la création de ce droit réel et qu'il soit inscrit au livre foncier (§ 873 BGB). Quant aux obligations du bénéficiaire de la sûreté (*Sicherungsnehmer*), celles-ci sont de nature fiduciaire. Lorsque le contrat de sûreté porte sur l'inscription d'une dette foncière, l'obligation principale du bénéficiaire est de consentir à la radiation de la dette foncière lorsque la créance dont elle garantit le paiement est éteinte[135].

142 Les sûretés réelles immobilières sont des droits réels, régis en principe par la *lex rei sitae* (art. 43 EGBGB)[136]. En théorie, une autre loi pourrait trouver application par le jeu de l'article 46 EGBGB. Mais les hypothèses dans lesquelles une sûreté réelle immobilière présente un lien manifestement plus étroit avec une autre loi que celle du pays dans lequel est situé l'immeuble grevé de la sûreté devraient être rares[137].

143 La *lex rei sitae* détermine quelles sûretés réelles immobilières peuvent exister[138] et sous quelles conditions elles sont créées et éteintes[139]. Même si la sûreté réelle est accessoire à une créance, elle n'est pas régie par la loi applicable à la créance, mais par la *lex rei sitae*[140]. La *lex rei sitae* régit

---

[135] Cf., Bassenge, in : Palandt, BGB, 77e éd., Munich 2018, § 1191, n° 17.
[136] Teubel, in : jurisPK-BGB, t. 6, 8e éd., Sarrebruck 2017, Art. 43 EGBGB, n° 10.
[137] Teubel, in : jurisPK-BGB, t. 6, 8e éd., Sarrebruck 2017, Art. 46 EGBGB, n° 2.
[138] Teubel, in : jurisPK-BGB, t. 6, 8e éd., Sarrebruck 2017, Art. 43 EGBGB, n° 10.
[139] Teubel, in : jurisPK-BGB, t. 6, 8e éd., Sarrebruck 2017, Art. 43 EGBGB, n° 10.
[140] Thorn, in : Palandt, BGB, 77e éd., Munich 2018, EGBGB 43, n° 3.

notamment la question de savoir si la cession ou l'extinction de la créance entraîne également la transmission ou l'extinction de la sûreté[141]. La *lex rei sitae* a également vocation à régir le contrat de sûreté, puisqu'il a pour objet un droit réel immobilier[142]. Mais comme le contrat de sûreté sera souvent intégré au contrat de crédit, ce contrat mixte ne peut être rattaché selon la règle ni de l'article 4 par. 1 pt. c Rome I ni de l'article 4 par. 2 Rome I. L'applicabilité de la *lex rei sitae* résulte plutôt de l'article 4 par. 3 Rome I, la situation de l'immeuble créant un lien manifestement plus étroit que la résidence habituelle ou le siège de l'établissement principal du donneur du crédit[143]. Enfin, une prénotation garantissant l'inscription d'une sûreté réelle est également soumise à la *lex rei sitae*[144].

---

141 V. Mansel, in: Staudinger, Kommentar zum Bürgerlichen Gesetzbuch mit Einführungsgesetz und Nebengesetzen, Internationales Sachenrecht, Berlin 2015, Art 43 EGBGB, n° 614.
142 Mansel, in: Staudinger, Kommentar zum Bürgerlichen Gesetzbuch mit Einführungsgesetz und Nebengesetzen, Internationales Sachenrecht, Berlin 2015, Art 43 EGBGB, n° 624 ; Thorn, in : Palandt, BGB, 77e éd., Munich 2018, EGBGB 43, n° 3 *in fine*.
143 Mansel, in: Staudinger, Kommentar zum Bürgerlichen Gesetzbuch mit Einführungsgesetz und Nebengesetzen, Internationales Sachenrecht, Berlin 2015, Art 43 EGBGB, n° 626 et s.
144 V. n° 121.

V. — DROIT INTERNATIONAL PRIVE DES TRANSFERTS DE PATRIMOINE A TITRE GRATUIT

144 En droit allemand, la catégorie des libéralités (*unentgeltliche Zuwendungen*) n'a pas la même fonction fédératrice qu'en droit français. Les donations et les testaments ne sont généralement pas étudiés ensemble. Le testament et ses dispositions relèvent du droit des successions (II). Même si ce dernier contient des dispositions traitant de l'effet des donations, le régime de la donation relève du droit des contrats spéciaux (I).

A. La donation

145 La donation est un contrat civil, et en tant que tel soumise au règlement Rome I. En matière de meubles, la loi applicable à défaut de choix de loi applicable ou de liens manifestement plus étroits est celle du pays dans lequel la partie qui doit fournir la prestation caractéristique – le donateur – a sa résidence habituelle (art. 4 par. 2 Rome I ; art. 28 al. 2 EGBGB). En revanche, lorsque la donation porte sur un bien immobilier ou des droits réels immobiliers, elle est régie par la *lex rei sitae* (art. 4 par. 1 pt. c Rome I)[145].

146 La question de savoir dans quelle mesure une donation a un impact sur le calcul des parts successorales est soumise à la loi applicable à la succession (cf. art. 23 par. 2 pt. i Rome IV)[146].

B. La succession

147 Sauf en matière fiscale, il n'existe pas de traité franco-allemand relatif au droit applicable aux successions[147].

---

[145] Martiny, in: Münchener Kommentar zum Bürgerlichen Gesetzbuch, Bd. 12, Internationales Privatrecht II, 7e éd., Beck, Munich 2018, Art. 4 Rom I-VO, n° 209.

[146] Ludwig, in : jurisPK-BGB, t. 6, 8e éd., Sarrebruck 2017, Art. 25, 26 EGBGB, n° 81.

148 Le droit international privé des successions a connu une véritable révolution avec le règlement (UE) n° 650/2012 du Parlement européen et du Conseil du 4 juillet 2012 relatif à la compétence, la loi applicable, la reconnaissance et l'exécution des décisions, et l'acceptation et l'exécution des actes authentiques en matière de successions et à la création d'un certificat successoral européen (Rome IV)[148], applicable aux successions ouvertes à compter du 17 août 2015 (art. 83 par. 1 Rome IV). Auparavant, le droit international privé allemand des successions, codifié au EGBGB, avait fait l'objet d'une réforme entrée en vigueur au

---

[147] La seule convention franco-allemande en matière successorale est la Convention du 12 octobre 2006 entre la République française et la République fédérale d'Allemagne en vue d'éviter les doubles impositions en matière d'impôts sur les successions et sur les donations.

[148] Parmi les sources de documentation disponibles en langue française, il convient de citer : Barrière Brousse, « La mise en application du règlement européen sur les successions : cauchemar à l'office notarial ? », Recueil Dalloz 2015, p. 1651 ; Godechot-Patris, « Les successions internationales : l'unité civile », JCP N 2013, 1272 ; Goré, « La professio juris », Defrénois 2012, p. 762 ; Id., « Les silences du règlement européen sur les successions internationales », Droit et patrimoine 2013, p. 224 ; Lagarde, « Les principes de base du nouveau règlement européen sur les successions », Rev. crit. DIP 2012, p. 691 ; Id., Répertoire Droit international (Dalloz), V° Règlement n° 650/2012 sur les successions ; Nourissat, « Une révolution copernicienne pour les successions internationales… - Entrée en application du règlement (UE) n° 650/2012 le 17 août 2015 », JCP G 2015, doctr. 935 ; Id., « Certificat successoral européen : premières observations », JCP N 2015, act. 140 ; Revillard, « Successions internationales : le règlement du Parlement européen et du Conseil du 4 juillet 2012 en matière de successions », Defrénois 2012, p. 743 ; Id., JurisClasseur Droit international, Fasc. 557-50 : Règlement (UE) n° 650/2012 du Parlement européen du Conseil du 4 juillet 2012 ; Id., Droit international privé et communautaire : pratique notariale, 8ème éd., Defrénois/Lextenso 2014. V. aussi l'étude préparatoire : Institut Notarial Allemand/Dörner/Lagarde, Étude de droit comparé sur les règles de conflits de juridictions et de conflits de lois relatives aux testaments et successions dans les États membres de l'Union européenne, 18 septembre/8 novembre 2002, disponible en ligne (http://ec.europa.eu/civiljustice/publications/docs/testaments_successions_fr.pdf).

1er septembre 1986[149]. Désormais, trois régimes sensiblement différents ont vocation à s'appliquer aux successions, en fonction de la date de réalisation des éléments constitutifs de la catégorie juridique ou du critère de rattachement. Avant d'analyser le rattachement des différentes catégories juridiques constituant le droit des successions (2), il convient de présenter les règles relatives à l'applicabilité des règles de conflit *ratione temporis* (1). Ces règles figurent à l'article 83 par. 1 Rome IV et à l'article 220 EGBGB.

1. Les règles d'applicabilité *ratione temporis* des règles de conflit en matière de successions

149 Selon l'article 220 al. 1 EGBGB, les faits achevés avant le 1er septembre 1986 restent soumis à la règle de conflit en vigueur jusqu'à cette date. Un fait est achevé au sens de cette norme lorsque son rattachement ne peut plus être altéré[150]. Ainsi, lorsque le *de cuius* (*Erblasser*) est décédé avant le 1er septembre 1986, c'est le droit international privé allemand des successions en vigueur avant cette date qui déterminera la loi applicable à la succession[151]. Les dispositions testamentaires et contractuelles à portée successorale faites avant le 1er septembre 1986 sont également soumises aux règles de conflit en vigueur avant cette date[152]. Cette règle posait un problème en ce qui concernait la validité des clauses de choix de la loi applicable, un tel choix n'ayant pas été prévu par les articles 24 à 26 EGBGB dans leur version en vigueur jusqu'au 31 août 1986[153]. La jurisprudence a décidé qu'une telle clause, même si elle était interdite au moment de

[149] Ludwig, in : jurisPK-BGB, t. 6, 8e éd., Sarrebruck 2017, Art. 25, 26 EGBGB, n° 55.
[150] Thorn, in : Palandt, BGB, 77e éd., Munich 2018, EGBGB 219, 220, n° 2.
[151] Ludwig, in : jurisPK-BGB, t. 6, 8e éd., Sarrebruck 2017, Art. 25, 26 EGBGB, n° 57.
[152] BayObLG, 13 novembre 1986 - n° 1 Z 4/86 - NJW 1987, p. 1148 ; Ludwig, in : jurisPK-BGB, t. 6, 8e éd., Sarrebruck 2017, Art. 25, 26 EGBGB, n° 58.
[153] Ludwig, in : jurisPK-BGB, t. 6, 8e éd., Sarrebruck 2017, Art. 25, 26 EGBGB, n° 58.

l'établissement du testament, devenait efficace si la succession était ouverte après l'entrée en vigueur d'une législation favorable au choix de la loi[154].

150 Le règlement Rome IV permet le choix de la loi nationale du *de cuius* (art. 21 Rome IV) et contient des dispositions transitoires favorables à l'efficacité d'un choix de loi applicable exprimé avant le 17 août 2015 (art. 83 par. 2 Rome IV, v. aussi les considérants 39 et 40). L'article 83 par. 3 Rome IV favorise l'efficacité des dispositions à cause de mort. Si le défunt, avant le 17 août 2015, a fait une disposition à cause de mort conformément à sa loi nationale, celle-ci est réputée avoir été choisie (art. 83 par. 4 Rome IV)[155]. Les autres catégories juridiques relatives aux successions sont rattachées selon les règles du règlement lorsque le décès est survenu le 17 août 2015 ou après cette date (art. 83 par. 1 Rome IV).

2. Le rattachement de la succession

151 Après avoir exposé les règles générales du rattachement de la succession (a), nous présenterons les règles spéciales gouvernant le rattachement de certaines catégories juridiques (b).

a) Le rattachement général de la succession

152 La loi applicable aux successions est déterminée par les articles 25 et 26 EGBGB dans leur version en vigueur jusqu'au 16 août 2015 pour les successions ouvertes avant le 17 août 2015 (aa) et pour les successions ouvertes à compter du 17 août 2015, par les articles 20 à 38

---

[154] LG Hamburg, 12 février 1991 - n° 302 T 88/90, v. le résumé disponible en ligne sur http://www.juris.de.

[155] La doctrine allemande est divisée sur le point de savoir s'il s'agit d'une fiction juridique (indiquée par le verbe *gelten* dans la version allemande) ou d'une simple présomption (cf., Thorn, in : Palandt, BGB, 77e éd., Munich 2018, EuErbVO 83, n° 7).

Rome IV et les articles 25 et 26 EGBGB dans leur version en vigueur à compter du 17 août 2015[156] (bb).

aa) Le rattachement général des successions ouvertes avant le 17 août 2015

153 L'ancien article 25 al. 1 EGBGB soumet la succession pour cause de décès à la loi nationale du défunt au moment du décès. Il n'est pas possible de déroger à cette règle sauf dans l'hypothèse de l'article 25 al. 2 EGBGB qui accorde au *de cuius* étranger la possibilité de choisir, par disposition testamentaire, la loi allemande pour régir la dévolution successorale de son patrimoine immobilier situé en Allemagne.

154 En principe, la loi désignée par le jeu de l'article 25 EGBGB doit être appliquée dans sa totalité, c'est-à-dire y compris les règles de conflit des lois (art. 4 al. 1 phr. 1 EGBGB)[157]. Cette règle peut conduire soit à un renvoi au premier degré à la loi allemande (*Rückverweisung*), soit à un renvoi au second degré à une loi tierce (*Weiterverweisung*). Un renvoi au premier degré risque de provoquer un double renvoi. Afin d'éviter cette hypothèse, un renvoi au premier degré porte uniquement sur les règles de droit substantiel (*Sachvorschriften*) de la loi allemande (art. 4 al. 1 phr. 2 EGBGB), à l'exclusion des règles de droit international privé (art. 3a al. 1 EGBGB).

155 Le jeu du renvoi pouvait conduire, dans des successions ouvertes avant le 17 août 2015, à une scission de la succession (*Nachlassspaltung*). Ceci était notamment le cas des successions du *de cuius* de nationalité française résidant en Allemagne et dont le patrimoine comprenait des biens immobiliers situés en France. L'article 25 al. 1 EGBGB désignait la loi nationale du défunt pour régir sa succession, en l'espèce, la loi

---

[156] V. n° 149 et s. ; les règles de conflit régissant les successions ouvertes avant le 1er septembre 1986 ne seront pas abordées dans ce cours.

[157] Contrairement à la méthodologie française, le juge allemand *applique* la règle de conflit contenue dans la loi étrangère, au lieu de la *prendre en considération* dans le cadre du présupposé de la norme du droit international privé, comme le ferait son homologue français. Cf., sur ce point, Mayer/Heuzé, Droit international privé, 11e éd., LGDJ, Issy-les-Moulineaux 2014, n° 144 et 227.

française. Comme il s'agissait d'un renvoi global (*Gesamtverweisung*)[158], les règles de conflit françaises étaient également désignées (art. 4 al. 1 EGBGB). Celles-ci ne renvoyaient à la loi du dernier domicile du défunt que pour les meubles et désignaient la *lex rei sitae* pour les immeubles. En conséquence, le patrimoine immobilier situé en France était soumis au droit des successions français, tandis que le patrimoine immobilier situé en Allemagne et les biens meubles constituaient une masse successorale soumise à la loi allemande. L'application des règles du règlement Rome IV permet d'éviter une telle scission de la succession.

bb) Le rattachement général des successions ouvertes à compter du 17 août 2015

156 La loi applicable aux successions ouvertes à compter du 17 août 2015 est déterminée par les articles 20 à 38 Rome IV. Ces règles sont d'application universelle (art. 20 Rome IV). À défaut d'une *professio iuris* en faveur de la loi nationale du *de cuius* effectuée dans les conditions de l'article 22 Rome IV, l'ensemble de la succession est régie par la loi de l'État dans lequel le défunt avait sa résidence habituelle au moment de son décès, sauf s'il existe des liens manifestement plus étroits avec un autre État (art. 21 Rome IV).

157 Les articles 25 et 26 EGBGB ont été modifiés concomitamment. L'article 25 EGBGB dispose désormais que les règles du chapitre III du règlement Rome IV, c'est-à-dire les articles 20 à 38, doivent être appliquées même aux successions qui ne tombent pas dans le champ d'application du règlement.

b) Le rattachement spécial de certaines catégories juridiques relevant du droit des successions

158 Certaines catégories juridiques relevant du droit des successions suivent un régime de rattachement spécial, notamment le décès (aa), les dispositions à cause de mort (bb), l'impact successoral du régime

---

[158] V. n° 2.

matrimonial (cc), la compétence internationale des juridictions successorales (dd) et le certificat successoral (ee).

aa) Le décès

159 La loi applicable à la succession régit d'abord la question de savoir si la succession est ouverte (cf., art. 23 par. 2 pt. a Rome IV). Pour l'ouverture d'une succession à cause de mort (v. la définition du champ d'application du règlement Rome IV), il est important de constater le décès et d'en déterminer la date exacte. La doctrine allemande considère la question de savoir si une personne est morte comme une question « préalable » (*Vorfrage*) relevant de la loi applicable à la capacité[159]. Or, la capacité juridique, à l'exception des capacités de succéder et de tester, et la mort présumée d'une personne sont des catégories exclues du champ d'application du règlement (v. art. 1 par. 2 pt. b et c Rome IV). La constatation officielle du décès d'une personne relève de sa loi nationale (art. 9 EGBGB). Les règles du droit allemand relatives à la constatation de la date du décès figurent à la loi sur la disparition (*Verschollenheitsgesetz, VerschG*)[160].

160 La détermination de la date du décès par la loi nationale peut créer un problème dans les hypothèses de comourants (*Kommorienten*) lorsque plusieurs personnes de nationalité différente à vocation héréditaire réciproque décèdent dans un même événement. Dans les familles binationales, l'application de plusieurs règles nationales relatives aux comourants peut produire des résultats contradictoires. La doctrine proposait soit de déterminer la date exacte de la mort de chacun des comourants selon la loi applicable aux rapports familiaux, par exemple au mariage dans l'hypothèse de conjoints comourants, soit de résoudre le

---

[159] Ludwig, in : jurisPK-BGB, t. 6, 8e éd., Sarrebruck 2017, Art. 25, 26 EGBGB, n° 61.

[160] L'Allemagne n'a signé ni la Convention relative à la constatation de certains décès (CIEC, Athènes, 14 septembre 1966) ni la Convention sur la loi applicable aux successions à cause de mort (HCCH, La Haye, 1er août 1989).

conflit en présumant la mort simultanée des deux comourants[161]. La dernière solution correspond à celle du § 11 VerschG. L'article 32 du règlement Rome IV tranche ce type de conflit dans le même sens mais de manière plus prosaïque : lorsque les solutions divergent, aucun des comourants ne succède à l'autre.

bb) Les dispositions à cause de mort

161 Pour la détermination de la loi applicable aux dispositions à cause de mort, il est nécessaire de distinguer, d'une part, entre celles qui sont des pactes successoraux et celles qui ne le sont pas, et d'autre part, entre les questions de fond (2) et de forme (1).

(1) La forme des dispositions à cause de mort

162 La forme des dispositions à cause de mort qui ne sont pas des pactes successoraux est régie par la Convention du 5 octobre 1961 sur les conflits de lois en matière de forme des dispositions testamentaires. Cette convention est applicable lorsque le testateur est décédé après son entrée en vigueur (art. 8) le 1er janvier 1966. L'applicabilité prioritaire de cette convention est assurée par l'article 75 par. 1 Rome IV. L'article 1 par. 1 de la Convention contient une liste de rattachements alternatifs qui reflète un esprit favorable à la validité formelle des dispositions à cause de mort.

163 Cette liste avait été reprise par l'article 26 EGBGB dans sa version en vigueur jusqu'au 16 août 2015. En raison de la priorité de la Convention, le champ d'application de l'ancien article 26 EGBGB était essentiellement limité aux pactes successoraux[162]. L'article 26 al. 1 phr. 1 n° 5 EGBGB contenait une alternative supplémentaire, autorisée par l'article 3 de la Convention : la disposition est valable quant à la forme

---

161 Ludwig, in : jurisPK-BGB, t. 6, 8e éd., Sarrebruck 2017, Art. 9 EGBGB, n° 10, Art. 25, 26 EGBGB, n° 68.

162 Mais il est probable qu'un juriste allemand applique l'ancien article 26 EGBGB à la place de l'article 1er de la Convention, dans la mesure où les deux textes ont le même contenu, v. Ludwig, in : jurisPK-BGB, t. 6, 8e éd., Sarrebruck 2017, Art. 25, 26 EGBGB, n° 265.

lorsqu'elle correspond aux exigences de la loi applicable à la succession à cause de mort ou de la loi qui aurait été applicable à la succession si le disposant était mort au moment où il a fait la disposition. Cette loi est appelée « loi successorale hypothétique » (*hypothetisches Erbstatut*) ou « loi de rédaction » (*Errichtungsstatut*). Cette alternative est la seule qui ne désigne pas directement les règles substantielles mais qui est ouverte au jeu du renvoi[163]. Il s'agit également de la seule règle reprise par la nouvelle rédaction du premier alinéa de l'article 26 EGBGB, lequel, pour le reste, se contente de renvoyer le lecteur à la Convention (art. 26 al. 1 phr. 2 EGBGB) ou à l'article 27 Rome IV pour les dispositions à cause de mort qui ne sont pas régies par la Convention (art. 26 al. 2 EGBGB).

164 Selon l'article 27 par. 1 Rome IV, une disposition à cause de mort est valable quant à la forme si celle-ci est conforme à la *lex loci actus* (pt. a), à la loi nationale du ou d'un *de cuius* (pt. b), à la loi du domicile ou de la résidence habituelle du et d'un *de cuius* au moment de la rédaction ou du décès (pt. c et d) ou à la *lex rei sitae* d'un immeuble (pt. e).

(2) La validité quant au fond et les effets d'une disposition à cause de mort

165 La validité quant au fond d'une disposition à cause de mort est régie, selon l'ancien article 26 al. 5 phr. 1 EGBGB, par la loi qui aurait été applicable à la succession au moment de la disposition. Ceci vaut non seulement pour les testaments, mais également pour les testaments conjonctifs et les pactes successoraux[164]. Dans ces deux cas, si les successions hypothétiques de chacun des disposants relèvent de lois différentes, il peut arriver qu'une disposition conjonctive soit régie cumulativement par deux lois différentes, c'est-à-dire qu'elle doit être conforme aux exigences des deux lois[165].

166 Le règlement Rome IV distingue entre les dispositions à cause de mort qui ne sont pas des pactes successoraux et celles qui le sont. Les

---

[163] Thorn, in : Palandt, BGB, 71e éd., Munich 2012, EGBGB 26, n° 2.
[164] Thorn, in : Palandt, BGB, 71e éd., Munich 2012, EGBGB 26, n° 7.
[165] Ludwig, in : jurisPK-BGB, t. 6, 8e éd., Sarrebruck 2017, Art. 25, 26 EGBGB, n° 296.

dispositions à cause de mort qui ne sont pas des pactes successoraux sont régies par la loi successorale hypothétique (art. 24 Rome IV). Il en va de même d'un pacte successoral qui ne concerne que la succession d'une seule personne (art. 25 par. 1 Rome IV). Lorsque le pacte concerne la succession de plusieurs personnes, l'article 25 par. 2 Rome IV opère une distinction entre le rattachement de la recevabilité et celui de la validité et des effets. La recevabilité fait l'objet d'un rattachement cumulatif. Tandis que le pacte doit être recevable selon chacune des lois successorales hypothétiques (al. 1er), sa validité n'est vérifiée et ses effets ne sont déterminés que par celle de ces lois avec laquelle le pacte présente les liens les plus étroits (al. 2).

167 Il est important de noter qu'un testament conjonctif comportant un accord conférant, modifiant ou retirant des droits dans la succession d'un ou des testateurs contient un pacte successoral au sens de l'article 3 par. 1 pt. b Rome IV, de sorte que l'article 25 Rome IV s'y applique[166].

cc) L'impact successoral du régime matrimonial

168 Le régime matrimonial légal allemand, la séparation des biens avec participation aux acquêts (*Zugewinngemeinschaft*, §§ 1363 et s. BGB), prévoit une majoration de la part successorale du conjoint survivant d'un quart de la succession (§ 1371 al. 1 BGB). La Cour de justice fédérale a considéré que cette majoration s'analysait en une participation aux acquêts forfaitaire relevant de la loi applicable au régime matrimonial[167], ce qui peut conduire à un déséquilibre à corriger par le juge[168]. Il est pourtant peu probable que cette jurisprudence soit maintenue, la Cour de justice de l'Union européenne ayant récemment estimé, face au refus d'une juridiction allemande d'établir un certificat successoral européen tenant compte de la majoration prévue par le § 1371 al. 1 BGB, qu'une disposition « qui prévoit, lors du décès de l'un des époux, une répartition des acquêts forfaitaire par majoration de la part successorale du conjoint

---

166 V. Zwirlein, Neues Internationales Erbrecht für Europa, JuS 2015 p. 981 (983).

167 BGH, 13 mai 2015 - IV ZB 30/14, n° 24 et s.

168 Thorn, in : Palandt, BGB, 77e éd., Munich 2018, EGBGB 15, n° 26.

survivant » relève du champ d'application du règlement Rome IV en soulignant « que la réalisation des objectifs du certificat successoral européen serait considérablement entravée dans une situation telle que celle en cause au principal, si ledit certificat ne comportait pas l'information complète relative aux droits de l'époux survivant concernant la masse successorale »[169].

169 Lorsque le couple a opté pour la séparation des biens, § 1931 al. 4 BGB prévoit également une majoration de la part successorale. Or, cette disposition ne vise pas à organiser une participation aux acquêts forfaitaire entre les conjoints, mais à assurer le traitement égal du conjoint et des descendants du *de cuius*. Ainsi, ce mécanisme est soumis à la loi applicable à la succession[170].

dd) La compétence internationale des juridictions successorales

170 Pour les successions ouvertes à compter du 17 août 2015, la compétence internationale des juridictions en matière successorale est soumise aux règles des articles 4 à 19 Rome IV. Dès lors que la compétence internationale des juridictions allemandes est établie selon les règles du règlement Rome IV, la compétence territoriale est déterminée par le § 2 de la loi sur la procédure en matière de droit international des successions (*Internationales Erbrechtsverfahrensgesetz, IntErbRVG*). Il convient d'indiquer notamment les règles du quatrième alinéa selon lequel, en absence d'un accord explicite ou tacite d'élection de for, la juridiction territorialement compétente est celle dans le ressort de laquelle le *de cuius* avait sa dernière résidence habituelle avant son décès. À défaut de résidence habituelle en Allemagne la juridiction compétente est le tribunal cantonal (*Amtsgericht*) de Schöneberg à Berlin.

171 Pour la période entre l'entrée en vigueur au 1er septembre 2009 de la loi relative à la procédure des affaires familiales et en matière gracieuse (*Gesetz über das Verfahren in Familiensachen und in den Angelegenheiten der freiwilligen Gerichtsbarkeit – FamFG*) et le 16 août 2015, la compétence

169 CJUE, 1 mars 2018 - C-558/16, n° 43 et s.
170 Thorn, in : Palandt, BGB, 77e éd., Munich 2018, EGBGB 15, n° 28.

internationale est déterminée par la compétence territoriale des tribunaux (§ 105 FamFG). § 343 FamFG dispose que le tribunal territorialement compétent est celui dans le ressort duquel le *de cuius* avait sa dernière résidence habituelle en Allemagne, ou, à défaut, le tribunal cantonal de Schöneberg à Berlin. Le § 344 FamFG énumère une série de compétences spéciales. À titre d'exemple, une mesure conservatoire peut être ordonnée par tout tribunal dans le ressort duquel sa nécessité se fait sentir (§ 344 al. 4 FamFG). Le partage de la succession (*Auseinandersetzung des Nachlasses,* § 363 FamFG) peut être effectué par tout notaire du ressort du tribunal cantonal dans lequel le *de cuius* avait sa dernière résidence habituelle, ou, à défaut, du ressort dans lequel sont situés des biens appartenant à la succession (§ 344 al. 4a FamFG).

172 Avant le 1er septembre 2009, la compétence internationale des tribunaux successoraux allemands était régie par le principe du « synchronisme » (*Gleichlaufgrundsatz*). En vertu de ce principe, les tribunaux allemands étaient compétents dans la mesure où le droit allemand régissait la succession[171].

ee) Le certificat successoral

173 Le règlement Rome IV crée un certificat successoral européen (art. 62 par. 1 Rome IV)[172] qui ne remplace pas les certificats successoraux nationaux (art. 62 par. 3 Rome IV). Le certificat européen est délivré par une autorité émettrice (art. 64 Rome IV). En Allemagne, la délivrance du certificat européen relève en principe de la compétence matérielle du tribunal cantonal, agissant en tant que tribunal des successions (*Nachlassgericht*) (§ 34 al. 4 IntErbRVG)[173]. À défaut d'élection de for, la juridiction territorialement compétente est celle du ressort dans lequel le *de cuius* avait sa dernière résidence habituelle avant son décès, ou, à défaut

---

171 Ludwig, in : jurisPK-BGB, t. 6, 8e éd., Sarrebruck 2017, Art. 25, 26 EGBGB, n° 364.

172 Pour le formulaire, v. https://e-justice.europa.eu/content_succession-166-fr.do

173 Il convient de noter qu'au *land* de Bade-Wurtemberg les attributions du tribunal des successions relevaient, jusqu'au 31 décembre 2017, de la compétence des notaires (ancien § 38 LFGG).

de résidence habituelle en Allemagne, le tribunal cantonal de Schöneberg à Berlin (§ 34 al. 3 IntErbRVG).

174 Le certificat successoral de droit interne (*Erbschein*) est également délivré par le tribunal des successions (§ 2353 BGB), en principe celui de la dernière résidence habituelle du *de cuius* (§ 343 FamFG). Dès lors que la compétence internationale des juridictions allemandes est établie, elles peuvent être amenées à appliquer une loi étrangère, notamment dans le cadre de l'établissement d'un certificat successoral lorsqu'une loi étrangère régit la succession. Un tel certificat est désigné par le terme de « *Fremdrechtserbschein* » (certificat successoral de droit étranger). Lorsqu'une partie des biens constituant la succession est située à l'étranger, les héritiers ont la possibilité de se faire délivrer un certificat limité aux biens situés en Allemagne (v. § 2369 BGB pour les successions ouvertes avant le 17 août 2015, § 352c FamFG pour les décès ultérieurs).

175 Lorsqu'un État étranger a établi un certificat successoral, les effets que la loi étrangère attache à ce titre peuvent être reconnus selon les règles générales relatives à la reconnaissance des décisions étrangères (§ 108 FamFG)[174]. Lorsque le certificat successoral étranger établi dans un État membre peut être qualifié de décision et se réfère à une succession couverte par le règlement Rome IV, sa reconnaissance est soumise aux règles des articles 39 à 42 Rome IV (v. aussi § 21 IntErbRVG). Lorsque le certificat revêt la forme d'un acte authentique, son acceptation est soumise à l'article 59 Rome IV.

176 La question de la reconnaissance ou de l'acceptation d'un certificat successoral étranger ne doit pas être confondue avec celle de la substitution, c'est-à-dire la question de savoir si un certificat successoral étranger saurait se substituer à un certificat successoral national lorsqu'une norme du droit national attache des effets juridiques à l'existence d'un tel certificat. Ainsi, la personne désignée comme héritière par un certificat successoral est présumée être héritière à l'égard des tiers, qui peuvent donc acquérir de bonne foi des mains du titulaire d'un

[174] Lange, in : jurisPK-BGB, t. 5, 8e éd., Sarrebruck 2017, § 2353 BGB, n° 12.

certificat successoral (v. §§ 2365 à 2367 BGB). Le certificat successoral permet également au titulaire de prouver sa qualité d'héritier auprès du livre foncier (§ 35 de la loi relative au livre foncier, *Grundbuchordnung – GBO*). Avant l'entrée en vigueur du règlement Rome IV, la possibilité de la substitution d'un certificat successoral national par un certificat étranger avait été refusée par la doctrine et par la jurisprudence[175]. À la lumière du principe de reconnaissance mutuelle que reflètent les articles 39 et 59 du règlement Rome IV, la question de savoir si un certificat successoral étranger établi par les autorités d'un État membre puisse se substituer à un certificat successoral national lorsque la loi nationale rattache des effets à l'existence d'un certificat successoral mérite d'être posée.

---

[175] V. Ludwig, in : jurisPK-BGB, t. 6, 8e éd., Sarrebruck 2017, Art. 25, 26 EGBGB, n° 429.

Papier | Fördert gute Waldnutzung
FSC® C083411

Kolibri 360 GmbH
Ferdinand-Jühlke-Straße 7
99095 Erfurt, Deutschland
produktsicherheit@kolibri360.de

Druck:
CPI Druckdienstleistungen GmbH
im Auftrag der
Kolibri 360 GmbH
Ferdinand-Jühlke-Str. 7
99095 Erfurt